GUIDE PRATIQUE

DU

FABRICANT DE SAVONS

GUIDE PRATIQUE

DU

FABRICANT DE SAVONS

*Savons communs, savons de toilette
mousseux, transparents, médicinaux, pâtes
et émulsions, analyse des savons*

PAR

G. CALMELS & E. SAULNIER

CHIMISTES

Avec 26 figures dans le texte

PARIS

BERNARD TIGNOL, ÉDITEUR

45, QUAI DES GRANDS-AUGUSTINS, 45

1887

AVERTISSEMENT DE L'ÉDITEUR.

Il n'existait, à notre connaissance, aucun traité, simple et pratique sur la fabrication des savons; les deux ou trois ouvrages publiés en France sur cette industrie sont anciens ou incomplets.

Nous avons demandé à deux chimistes MM. Gaëtan Calmels [1] et Eugène Saulnier le présent ouvrage qui nous semble remplir les conditions de concision et de clarté que le public demande maintenant aux ouvrages techniques.

MM. Calmels et Saulnier ont fait de larges emprunts à un excellent petit ouvrage [2] paru récemment à Vienne sur le même sujet et la plupart des figures qu'illustrent notre volume ont la même origine.

L'Éditeur.

---

[1] Au cours de l'impression de ce livre M. Gaëtan Calmels jeune chimiste du plus grand avenir a été enlevé à la science, à sa famille et à ses amis par une mort foudroyante.

[2] Frédéric Wiltner, Die Seifen-Fabrication.

INTRODUCTION.

Historique des savons.

Il existe certains produits indispensables à l'homme civilisé et dont l'emploi même est une preuve de civilisation. Le savon est un de ces produits. Nous rappelons ici le mot célèbre de Liebig, qui a soutenu qu'un peuple est d'autant plus civilisé et aisé, qu'il emploie plus de savon ; ce fait est matériellement très bien constaté par les chiffres arides de la statistique.

Dans l'antiquité même jusqu'au moyen âge, le savon était tout à fait inconnu ou très peu usité. On se contentait de parfumer les habits et le corps à l'aide de matières odorantes.

La question de savoir quel est le peuple qui a inventé la fabrication du savon, est une de celles auxquelles on ne peut pas répondre avec précision.

On est probablement dans l'erreur, si suivant un passage de la traduction de la Bible de Luther, on admet les peuples de l'Asie Mineure, notamment les Hébreux ou les Phéniciens comme les inventeurs du savon. Ce n'est que dans les écrits du naturaliste romain, Pline, que nous puisons des renseignements précis sur le savon, et d'après ceux-ci, nous sommes forcés de considérer le savon comme

1

une invention des Gaulois. Ces derniers dit-il préparaient le savon (*sapo*) avec de la graisse de chèvre et de la cendre blanche de bouleau mais le destinaient seulement à teindre et à lisser les cheveux.

Comme Pline parle formellement de savon « tendre » et de savon « dur », il est probable que nos ancêtres connaissaient déjà la transformation du savon « tendre » (de potasse) en savon « dur » (de soude).

Il semble qu'au moyen âge on employait en certains pays, pour laver le linge, une solution alcaline, et pour nettoyer les draps fins certaines racines de plantes que l'on mettait mariner dans l'eau qui formaient un liquide mousseux (saponaria, saponaire).

Malgré les progrès faits par la chimie industrielle, nous trouvons encore quelques contrées où la préparation du savon est la même que chez nos ancêtres il y a deux mille ans : suif, chaux et cendres de bois. Cet état primitif existait encore il y a peu de temps, lorsque la chimie industrielle fut révolutionnée par l'invention de la soude artificielle par Leblanc et par l'extension de la fabrication de l'acide sulfurique ; l'ancienne méthode de préparation des savons dut être abandonnée et céder le pas à une fabrication rationnelle fondée sur les lois de la chimie.

Mais c'est surtout l'emploi des matières grasses

de provenance étrangère, notamment de l'huile de palme et de coco et plus récemment l'emploi des suifs de bêtes à cornes, provenant de l'Amérique du Sud, de la résine de pin de l'Amérique du Nord, de la graisse du mouton d'Australie, qui a généralisé et étendu de plus en plus la fabrication du savon; ce fait est certainement démontré par le nombre toujours croissant des matières grasses introduites en Europe. L'Angleterre est encore à la tête de la production; mais nous venons aussitôt après, grâce surtout à Marseille qui est en France le centre de cette industrie.

Le troisième rang appartient à l'Allemagne. La production des États-Unis de l'Amérique du Nord a fait dans ces derniers temps des progrès très rapides.

Le mérite d'avoir tracé nettement les principes chimiques qui ont rapport à la fabrication des savons, appartient à Chevreul, l'illustre chimiste dont nous fêtions récemment le centenaire. Mais c'est seulement depuis que nous avons appris à séparer complètement la glycérine du savon, c'est-à-dire à fabriquer les composés auxquels on peut aussi, au point de vue chimique, donner le nom de savons, à les fabriquer à l'état pur, que nous pouvons prétendre avoir amené la fabrication des savons à un degré de perfectionnement élevé.

Il n'est plus guère possible à notre époque, de s'adonner à la fabrication du savon sans posséder

une certaine somme de connaissances scientifiques ;
nous avons donc dû, en tenant compte de ce fait,
pousser dans notre ouvrage, la description purement scientifique de la fabrication des savons,
aussi loin que cela nous a paru nécessaire pour
rendre le tout très compréhensible.

II. — Réaction fondamentale de saponification.

L'industriel, dont le métier rentre dans la catégorie des arts chimiques, doit avant tout connaître jusque dans les détails les plus intimes,
les procédés chimiques qui s'attachent à son industrie. A défaut de ces connaissances, il reste un
ouvrier ignorant qui travaille aveuglément d'après
des procédés empiriques sur lesquels il est inca-
pable de porter un jugement, même après une longue pratique ; il ne sait si les principes qu'il a
suivis lui ont fourni des résultats suffisants ou
s'il y a lieu de leur en substituer d'autres. Il est bien
évident qu'un pareil ouvrier devra dépenser de fortes sommes pour faire ses essais et qu'il restera
sans ressources le jour où ses procédés, par un ha-
sard qu'un chimiste expérimenté aurait pu éviter,
restent infructueux.

Nous considérons comme première condition de
cet ouvrage, d'être aussi bien à la portée du fabricant que du chimiste, surtout du fabricant qui doit

être complètement édifié sur les procédés chimiques qu'il doit employer. Nous nous sommes efforcés, persuadés de l'importance de ce point, de rendre clairs pour tous, dans la partie de notre ouvrage qui va suivre, les procédés chimiques de la fabrication du savon.

D'après l'ancienne opinion qui régnait jusqu'au commencement de ce siècle, opinion généralement adoptée, on pensait que les graisses jouissaient de la propriété de se combiner aux corps désignés en chimie sous le nom d'alcalis (potasse, soude, chaux) et l'on considérait les savons comme un composé de graisse et d'alcali. C'est depuis les remarquables recherches de Chevreul à ce sujet que la clarté s'est faite sur les réactions chimiques qui ont lieu pendant la saponification.

Si différentes que soient les graisses dans leurs propriétés physiques, elles offrent cependant une grande ressemblance parce que toutes proviennent d'une combinaison d'un corps nommé glycérine et d'un ou plusieurs acides dits acides gras.

En langage chimique, nous pouvons désigner les graisses comme étant la combinaison d'une base (hydrate de glycéryle), avec un ou plusieurs acides (acides gras).

D'après les nouvelles théories les graisses sont regardées comme des éthers et par suite comme des éthers gras de glycérine. L'hydrate de glycéryle ou simplement la glycérine possède des propriétés chimiques qui le font rentrer dans le groupe des alcools. Les chimistes désignent maintenant les combinaisons des acides avec les alcools « éthers composés »; nous pouvons considérer les graisses comme telles.

Les procédés de saponification des graisses amènent la séparation du glycéryle et des acides gras; en même temps il y a séparation des alcalins qui causent la saponification en alcalis purs et eau. Mais au moment où a lieu la dissociation des deux groupes de combinaisons, de nouvelles combinaisons se produisent; les acides gras se combinent avec l'alcali pour former des corps que nous appellerons sels au vrai sens du mot et que nous désignerons comme des sels alcalins d'acides gras ou savons.

Le glycéryle s'allie avec l'eau pour constituer la glycérine. L'alinéa suivant permettra de se rappeler cette réaction chimique.

Avant la saponification on a :

Graisse	*Alcali*
formée de	formé de
Glycyloxyde $+$ acide gras	alcali $+$ eau

La saponification effectuée :

alcali $+$ acide gras	glycyloxyde $+$ eau
(Savon)	(Glycérine)

on a en d'autres termes :

Par la saponification, la graisse change son glycyloxyde contre l'alcali et forme du savon, tandis que l'alcali uni auparavant à l'eau se combine avec le glycyloxyde et donne de la glycérine. On obtient du savon comme produit principal tandis que la glycérine reste comme produit accessoire.

Les graisses employées habituellement pour la fabrication du savon se composent des glycérides, des acides palmitique, stéarique, oléique, et les savons obtenus au moyen de la potasse ou de la soude sont des mélanges de *stéarate*, *palmitate et oléate* de potassium ou de sodium.

Non seulement les oxydes des métaux alcalins ou alcalis forment avec les acides gras des combinaisons ; mais aussi la plupart des oxydes des métaux lourds. Nous étudierons plus loin ces combinaisons, nous noterons ici cependant que ce sont seulement les savons de soude et de potasse qui ont un rôle prépondérant dans la fabrication du savon.

Mentionnons encore que les combinaisons chimiques du glycyloxyde avec les acides gras, les graisses ne sont pas seulement dissociées par l'action des alcalis et d'autres oxydes métalliques, mais aussi par des sulfates alcalins, divers acides et même la vapeur d'eau surchauffée. On emploie toujours quoique à tort l'expression de saponification quand il s'agit de l'intervention d'un acide, ou de la vapeur d'eau. En ce qui concerne le dernier procédé énoncé, il faut remarquer qu'on ne parle pas de saponification dans le sens propre du mot : la graisse se dissocie par l'action de la vapeur d'eau surchauffée en acide gras et en glycérine. On ne peut arriver à ce résultat qu'à l'aide d'appareils compliqués, applicables seulement dans la grande industrie.

D'ailleurs la saponification par la vapeur d'eau ne s'emploie pas pour la fabrication des savons mais pour la préparation de la stéarine et de la glycérine pures. La graisse se comporte avec les alcalis purs comme nous l'avons dit plus haut : elle est dissociée, saponifiée ; cependant si on la traite par une solution de carbonate alcalin en agitan la masse, la graisse se sépare sous forme de gouttelettes en suspension dans le liquide en lui donnant un aspect laiteux auquel on a donné le nom d'émulsion.

Les savons ordinaires du commerce sont formés de potasse et de soude : les savons purs de potasse sont tendres, peuvent retenir une grande quantité d'eau, offrent un aspect *opalin* et une consistance butyreuse. Alors même qu'il est séché artificiellement, le savon de potasse reprend de l'eau à l'air libre.

Les savons de soude, même exposés à l'air restent durs et solides. Les savons alcalins se dissolvent dans l'alcool et l'eau chaude sans se décomposer, la solution forme une masse opalissante, gélatineuse. Les savons de potasse se dissolvent plus facilement dans l'eau que ceux de soude et moussent plus facilement par l'agitation. Les acides gras ont plus d'affinité pour la soude que la potasse, ce que prouve la réction suivante : à une solution aqueuse d'un savon de potasse ajoutons du sel de cuisine (chlorure de sodium) il se forme une double décomposition : les acides gras se portent sur la soude pour former un savon de soude, tandis que la potasse forme avec le chlore une nouvelle combinaison, le chlorure de potassium. On emploie cette propriété des savons de potasse pour transformer un savon de potasse en savon de soude : la réaction suivante a lieu :

Savon de potasse   +   Sel de cuisine

(Chlorure de sodium)

se transforment en

Savon de soude   +   Chlorure de potassium

Les acides gras des savons sont le plus souvent les acides palmitique, oléique, stéarique ; mais suivant la graisse employée on peut encore trouver d'autres acides dans le savon ; ainsi par la saponification du beurre, on obtient des butyrates alcalins.

Les acides palmitique et stéarique à l'état pur sont cristallins mamelonnés : le degré de fusion est assez élevé (60°) ; on les prépare à l'état pur dans la fabrication des pains de stéarine.

L'acide huileux ou acide oléique (des huiles) est un corps liquide, oléagineux. Un caractère de ces savons c'est la manière de se comporter avec l'eau ; ils se dissolvent, (nous l'avons indiqué plus haut) sans destruction dans une faible quantité d'eau chaude. Si l'on emploie beaucoup d'eau, il y a décomposition, et mise en liberté d'un alcali.

La quantité d'eau influe donc sur cette réaction ; s'il y a excès notable d'eau, le savon se décompose de telle façon qu'un sel acide d'alcali se sépare sous forme de corps insoluble, tandis que l'alcali libre reste dissous.

Si l'on emploie une petite quantité d'eau, il se sépare une certaine quantité de sel acide d'alcali et de sel neutre. Le liquide contient seulement une petite quantité d'alcali dissous.

L'alinéa suivant explique cette décomposition en présence de l'eau.

Savon :

$$\left.\begin{array}{l}\text{Sel neutre} \\ \text{Acide gras} + \text{alcali}\end{array}\right\} + \text{eau} = \overbrace{\left.\begin{array}{l}\text{acide gras} \\ \text{acide gras}\end{array}\right\}}^{\text{Sel acide}} + \text{alcali}$$

$$\text{Sel neutre} \qquad + \qquad \text{alcali} + \text{eau}$$

$$(\text{Acide gras} + \text{alcali}) \qquad (\text{ou bien alcali caustique})$$

Dans tous les cas, par conséquent, du mélange du savon avec l'eau, il résulte de l'alcali libre, mais celui-ci détruit facilement les substances organiques et se combine avec les acides libres renfermés dans les matières à nettoyer.

Les souillures que l'on trouve ordinairement sur le linge et la peau se composent en effet de substances organiques (poussières) ou d'acides libres (sueur). L'action du savon est due dans tous les cas à la mise en liberté de l'alcali : la sensation du liquide onctueux que l'on ressent lorsque l'on fait usage de savon est due à un commencement de destruction des couches superficielles de l'épiderme par cet alcali libre.

Lorsque l'eau où l'on dissout le savon n'est pas absolument pure, les substances qui y sont dissoutes ont une action notable sur le savon. Les eaux dites dures qui contiennent une notable quantité de chaux coagulent le savon : il se forme alors un savon de chaux insoluble dans l'eau.

Le sel de cuisine dissous dans l'eau dans une certaine proportion s'oppose à la dissolution du savon : 6 % du sel suffisent pour empêcher toute solution : les solutions concentrées d'alcali caustique ont également la propriété de précipiter le savon dans sa solution.

On fait usage dans la pratique de cette propriété.

La solubilité ou l'insolubilité d'un savon dépend aussi de la nature des acides gras dont il dérive, les savons préparés avec l'huile de coco se dissolvent complètement dans une solution de sel dans laquelle d'autres savons sont insolubles.

Les savons d'ammoniaque sont très solubles dans l'eau. Les bases terreuses (magnésie, chaux) se combinent avec les acides gras pour former les savons insolubles, propriété dont on tirait autrefois parti dans la préparation des pains de stéarine et dans la fabrication des acides gras à l'état de pureté. Les oxydes métalliques lourds (manganèse-fer) forment avec les acides gras des combinaisons colorées ; l'aspect marbré que présentent certains savons est dû à leur présence. L'oxyde de plomb forme avec les acides gras un composé visqueux, épais, employé en pharmacie sous le nom d'emplâtre de plomb.

Tandis que la graisse se saponifie rapidement avec un alcali caustique, elle forme avec les carbonates alcalins (potasse et soude) et avec l'ammoniaque une émulsion déjà mentionnée plus haut, en d'autres termes, elle reste en suspension dans le liquide en lui communiquant un aspect laiteux.

En raison de l'action émulsionnante des carbonates alcalins et de l'ammoniaque sur les graisses, on les emploie pour les lessives. Il est toutefois certain que lorsqu'on met en présence la graisse et le carbonate alcalin, il n'y a qu'une action mécanique, et non pas une combinaison chimique, car abandonnée au repos, elle se sépare en deux couches, l'inférieure formée par la solution de carbonate alcalin, la supérieure par la graisse non modifiée.

Les alcalis caustiques, même à solution diluée, agissent déjà à la température ordinaire sur les graisses pour les dissocier et les saponifier, action qui ne s'exerce que très lentement il est vrai.

Dans la pratique, on est obligé d'employer une température élevée pour la saponification; et, comme pour avoir la température nécessaire on est obligé d'employer aussi une pression élevée, on chauffe ensemble la graisse et l'alcali en vase clos.

III. — Des matières employées pour la fabrication du savon.

Conformément à ce que nous avons dit au sujet de la réaction de saponification des savons, les savons se forment par double décomposition des savons et des alcalis. Ce ne sont pas seulement les graisses mais encore les résines qui peuvent être employées ; nous pouvons donc classer les matériaux employés pour cette fabrication, en graisses, résines, alcalis auxquels il faut ajouter le chlorure de sodium et l'eau qui sont indispensables.

Il n'est pas nécessaire d'entrer dans de longues explications pour indiquer que la connaissance exacte des propriétés de ces corps est indispensable ; car ils assurent la réussite, la quantité et la qualité du produit, en un mot, les bénéfices de cette industrie. Les diverses graisses donnent des rendements variables : dans la pratique, on compte le rendement à tant % de la graisse employée. On emploie aussi bien les graisses animales que les corps gras d'origine végétale : les premières sont le suif, le beurre, l'huile de foie de morue ou de poisson ;

toutes ordinairement solides à la température ordinaire ; les graisses végétales, presque toujours liquides rarement de consistance butyreuse, sont désignées, même étant solides, sous le nom d'huiles.

Ainsi, la graisse des fruits du coco est solide ainsi que la graisse retirée de l'(élaïs granensis) : on les appelle cependant huile de coco et de palme.

Tandis que nous distinguons les graisses animales plutôt par leurs propriétés physiques (solides ou liquides), nous distinguons surtout les graisses végétales d'après leurs propriétés chimiques, celles-ci sont très variables.

Beaucoup de graisses restent liquides, même quand on les laisse exposées à l'air ; d'autres dans ces conditions se solidifient rapidement, nous devons donc les diviser en : huiles siccatives et huiles non siccatives. Par l'action prolongée de l'air, les graisses rancissent ; elles prennent une odeur particulière et une réaction acide, cette modification ne détruit pas leurs qualités pour ce qui concerne la fabrication des savons ; car le corps acide mis en liberté par le fait du rancissement de la graisse, est neutralisé, pendant la saponification, par l'alcali. Nous devons donc d'après ce qui vient d'être dit, établir les divisions suivantes, parmi les matières brutes employées pour la fabrication des savons :

A. Graisses animales (suif, beurre, huile animale ou huile de poisson) ;

B. Graisses végétales ou huiles végétales (huiles siccatives ou non siccatives);

C. Résines (pin et sapin, résidus de la fabrication de la térébenthine);

D. Alcalis caustiques (soude, potasse et chaux caustique);

E. Sel de cuisine;

F. Eau.

A. — DES GRAISSES ANIMALES.

I. Suif.

Sous le nom de suif, on désigne la graisse qui se trouve en abondance dans les cavités abdominales des animaux et qui se distingue par son aspect grumeleux et point de fusion élevé. Pour l'industrie, on emploie surtout le suif de mouton, de veau, des os et des chevaux. Ces variétés de suif sont composées de certaines proportions de stéarine, d'oléine et de palmitine, c'est-à-dire des glycérides téarique, palmitique, oléique.

La stéarine est le principal élément servant à former des savons durs et fermes.

Le suif du commerce est souvent mélangé à du tissu cellulaire, à des fragments de chair; il est nécessaire de le purifier avant l'emploi.

Comme la fusion du suif est l'objet d'une industrie spéciale et comme le fabricant de savon reçoit le suif tout purifié, nous pouvons abréger ce qui concerne la purification : on le purifie par la fusion qui sépare sous forme de résidus le sang, le tissu cellulaire, etc..

On n'obtient cependant jamais par ce procédé le suif absolument pur et il y a des pertes importantes ; le résultat est meilleur avec une solution de soude qui détruit le tissu cellulaire ; mais ce procédé est long et les détritus que l'on pourrait employer et qui sont excellents pour l'engraissement des porcs sont entièrement détruits.

Si l'on ne s'occupe pas de ces résidus, le procédé de purification du suif par la solution de soude est très bon, car la solution de soude peut resservir. D'après Darcet, on fond 2 % de suif avec 1 % d'eau contenant 3 à 3 $\frac{1}{2}$ % d'acide sulfurique anglais. Les résidus sont détruits par l'acide et l'on peut récupérer le suif par pression. Ce procédé est très avantageux lorsque l'on emploie la fusion par la vapeur.

Suif de bœuf.

Il est préparé en petite quantité en Europe, la plus grande partie provient d'Amérique. L'Australie fournit le suif de mouton.

Graisse d'os.

La graisse d'os est préparée en quantité assez

considérable et l'on tâche d'utiliser les matières le plus possible : pour cela on les traite un certain temps par la vapeur d'eau à 3 ou 4 atmosphères ; on opère dans des vases analogues à la marmite de Papin. On obtient ainsi une solution de gélatine impure sur laquelle nage une couche de graisse. La graisse d'os est facilement saponifiable, surtout lorsqu'elle est obtenue par une méthode indiquée ; toutefois, son rendement en savon est plus faible que pour les autres graisses. La graisse provenant d'os altérés est très fétide, de couleur sale, et ne peut être employée que pour la préparation du savon de rebut.

Graisse de cheval.

Se rencontre aujourd'hui assez souvent dans le commerce : possède une couleur faiblement jaunâtre et, comme consistance, tient le milieu entre le suif et le beurre. Donne un savon à beau grain et ferme.

II. Graisses butyreuses.

Sont celles qui, déjà à la température animale, ont une faible consistance et sont molles ; par exemple la graisse de porc et le beurre.

Graisse de porc ou axonge, Saindoux.

Possède une couleur d'un blanc pur, sans odeur,

facile à préparer et donne d'excellents résultats pour la préparation des savons de toilette les plus fins, en pratique, elle a moins d'importance pour le fabricant de savons que pour le parfumeur ; elle est en effet de toute utilité pour la fabrication des pommades et des savons de choix.

Beurre.

Se comporte en général comme la graisse de porc ou saindoux, seulement l'emploi est encore plus limité à cause de son prix élevé et n'est guère employé que pour la fabrication de savons fins ou crèmes et rarement dans la fabrication des savons ordinaires.

Huiles de poisson

Les huiles de poisson sont nombreuses ; elles sont liquides pour la plupart, nous citerons celles de baleine, de phoque et d'autres poissons ; on les prépare soit en faisant fondre la graisse de ces animaux, soit en faisant fondre ou pourrir le foie très gras de certains poissons ; la plus grande partie de celle que l'on consomme provient de la baleine (balæna australis) et est appelée huile de la mer du Sud.

Une autre sorte fréquemment employée dans le commerce vient de la Russie (Astrakan) et se distingue par son odeur urineuse que l'on peut faire disparaître en élevant sa température à 200°.

Blanc de baleine.

Est une graisse qui, à froid, se prend en une masse cristalline : on la retire des sinus frontaux du cachalot. Son prix est tel qu'on ne peut l'employer que pour la fabrication des cosmétiques et des plus fins savons.

B. — DES GRAISSES VÉGÉTALES.

Huiles non siccatives.

Graisses végétales solides ; huiles végétales solides.

Les graisses non siccatives végétales possèdent soit une consistance butyreuse, soit liquide, mais on les nomme huiles dans tous les cas. Les huiles qui se trouvent dans cette catégorie, laissées au contact de l'air, restent liquides et prennent avec le temps une saveur acide et une odeur particulière, en un mot, elles rancissent.

Les huiles nommées huiles de palme, sont employées en grande quantité pour la fabrication des savons, de préférence aux autres : elles fixeront donc particulièrement notre attention. Nous en distinguerons trois catégories principales : huile de palmier, huile de graines de palmier, huile de coco ou beurre de coco.

Huile de palme.

Elle provient des fruits d'une espèce de palmier

originaire de l'Afrique et de l'Amérique du Sud (elaïs graniensis) : on obtient l'huile par ébullition des fruits épeluchés avec de l'eau ; on obtient ainsi une huile ayant l'odeur de racine de violettes. L'huile de palme fraîche fond à 20° centigrades ; en vieillissant, son point de fusion monte à 37° centigrades. D'après ses propriétés chimiques, elle se distingue facilement des autres graisses, elle se compose principalement des glycérides oléique et palmitique, mélangés aux acides gras correspondants. On explique par la présence des acides gras libres la facile saponification de cette huile.

Pour la fabrication du savon, il faut blanchir l'huile de palme : ce résultat s'obtient au moyen du bichromate de potasse et de l'acide chlorhydrique. On fond l'huile à blanchir dans une chaudière, on entretient la fusion jusqu'à ce que les matières étrangères, sable, etc., se soient déposées. L'huile éclaircie est abandonnée dans une cuve et mélangée à de l'acide chlorhydrique et du bichromate de potasse. On remue fortement, puis on laisse au repos : le mélange prend alors une belle couleur verte par la formation de chlorure de chrome, que l'on trouve après l'opération dissous dans la couche d'eau sur laquelle l'huile surnage. La solution de chlorure de chrome peut être employée pour la préparation d'une couleur verte. Pour 1,000 kilogrammes d'huile de palme, on prend 50 kilogrammes d'eau, on y ajoute 15 kilogrammes de bichromate et on y ajoute 60 kilogrammes d'acide chlorhydrique et on verse ce liquide dans l'huile de palme fondue. Le blanchiment est effectué en 1/4 d'heure ; on débarrasse l'huile des sels qu'elle contient encore, au moyen du lavage à l'eau chaude ; on obtient ainsi une huile de palme d'une blancheur remarquable. Le blanchiment est cependant une opération coûteuse.

On peut aussi blanchir l'huile de palme en la chauffant en vase clos à 120° ou 130°. Un tuyau part du sommet du vase clos ; les gaz se formant par l'ébullition de l'huile, se dégagent par là, sont conduits dans le foyer et brûlent, ce qui évite les odeurs désagréables. Les huiles ainsi blanchies ne donnent point un produit aussi blanc que celles obtenues par le procédé précédent que l'on emploie spécialement pour la préparation des savons fins.

Huile de graine de palme.

Elle est obtenue par la presse des noyaux durs que contiennent les fruits de (l'elaüs granensis). Elle est ferme, brun café, d'odeur analogue à celle du cacao. On la blanchit par la fusion d'environ 1,000 kilogrammes d'huile, en élevant la température à 100° ; elle est alors traitée par 5 kilogrammes de bichromate de potasse et 20 kilogrammes d'acide chlorhydrique. L'huile blanchie possède une couleur faiblement rosée et une odeur agréable.

Huile de noix de coco.

On en distingue trois variétés commerciales qui proviennent du (cocos butyracea) et (cocos nucifera) : ce sont les huiles de coco de Ceylan, de Cochinchine, de Sydney. L'huile de noix de coco fond vers 20 ou 22° ; elle a une odeur désagréable qu'une température de 170° fait disparaître en partie.

Au moment de la saponification, l'huile de coco offre des particularités sur lesquelles nous reviendrons.

Huile de Galam.

Appelée aussi *Sheabutter*, est retirée des fruits du Bassia Parkü en Afrique : couleur rosée, odeur agréable, fond vers 30° centigrades.

Huile de Bassia,

des semences du Bassia latifolia : verte, odeur agréable, fond entre 26 et 28°.

Beurre de muscade.

Obtenu par le broiement de la noix muscade ; il est jaune, d'une odeur agréable de muscade, mais il est rarement obtenu en grande quantité dans le commerce.

Beurre de cacao.

Provient des semences du Theobroma Cacao.

Blanc, ferme, rancit difficilement, mais coûte beaucoup trop cher pour être employé dans la fabrication des savons ; réservé à la parfumerie.

Huiles végétales liquides,

huile d'olives.

Tirée des fruits de l'olivier européen, on l'obtient sur le littoral de la Méditerranée par la pression des fruits écrasés. La première et la deuxième pression à froid donnent une huile presque incolore, de saveur agréable employée pour la cuisine. Par la pression à chaud on obtient une huile spéciale verte, à odeur forte et assez dense ; on l'emploie fréquemment dans la fabrication du savon sous le nom d'huile de bois. Du résidu de la préparation de cette huile, on obtient encore un produit très épais, d'odeur désagréable, servant comme lubrifiant de machines, et appelé huile d'enfer ou huile infecte.

Huile de sésame,

Provient de la semence du sesamum oriental (Indes, Afrique). Elle sert comme huile de table lorsqu'elle est fine ; elle est jaunâtre, employée en grande quantité pour la fabrication des savons mous.

Huile d'arachides,

Provient des fruits de l'arachis hypogea (sud

de l'Afrique, sud de l'Amérique, et sud de l'Europe) :
vert clair, rancit difficilement, donne de beaux
savons blancs sans odeur.

Huile de colza.

Tirée des semences du brassica oleracea : jaune
clair, sans odeur ; elle livre comme la suivante
une odeur très forte.

Huile de navets.

Tirée des graines du (brassica napus et brassica
rapa), qui possèdent une forte odeur, une couleur
blanche, donnent difficilement des savons durs.

Huiles siccatives.

Elles possèdent à un haut degré la propriété de
se solidifier rapidement à l'air et sont pour cela
souvent employées pour la fabrication des sicca-
tifs et des vernis.

Huile de lin.

Tirée des semences du lin (linum usitatissimum) :
jaune clair, d'odeur spéciale, se distingue en ce
qu'elle reste liquide même à une bonne température, donne par saponification avec la soude de
beaux savons blancs.

Huile de chènevis.

Tirée des semences du chènevis (cannabis sativa),

a une grande ressemblance avec la précédente, offre une couleur verte, donne des savons d'une belle couleur verte.

Huile de tournesol.

Tirée des semences du tournesol (helianthus annuus), peut être employée comme huile de table et pour la saponification, peut être fabriquée en grand dans le commerce.

Huile de graine de coton.

Tirée des semences du gossipium herbaceum et arboreum : préparée comme produit accessoire en grandes quantités ; couleur orangé ; solide au-dessous de 0°. Possède des propriétés analogues à celles de l'huile de lin. Donne des savons de première qualité. On peut la purifier et l'obtenir incolore. On l'emploie alors comme huile de table.

Huile de Ricin.

Provient de la pression des semences de ricins communs (Amérique, Espagne, sud de la France). Elle est presque incolore, sirupeuse. On l'emploie fraîche comme huile de table ; mais à l'air, elle rancit rapidement. Facilement soluble dans l'alcool, ce qui la distingue des autres huiles. Elle fournit de beaux savons blancs transparents.

Outre les huiles indiquées ici, on en emploie

d'autres dans différents pays.Ce sont, entre autres, l'huile de camellina sativa, l'huile de pavots (papaver somniferum), l'huile d'amandes (amygdalus communis), l'huile de potiron (cucurbita pepo), l'huile de semences de fagus silvatica (huile de faines).

La plupart de ces huiles sont peu employées pour la fabrication des savons ; quelques-unes servent dans la parfumerie comme l'huile d'amandes amères, les autres dans la peinture, comme l'huile de pavots, par exemple.

Acide oléique.

L'acide oléique n'est pas une graisse, mais un produit accessoire obtenu lors de la fabrication des pains de stéarine. Les graisses sont saponifiées, les acides gras séparés et pressés à chaud : c'est ainsi qu'on obtient l'acide oléique, liquide jaune brunâtre fortement acide. Dans la fabrication des pains de stéarine, la décomposition des graisses est obtenue par différentes méthodes, et l'acide oléique ainsi obtenu présente aussi différentes propriétés. Les savons obtenus par l'acide oléique distillé ne peuvent pas se combiner avec autant d'eau que ceux dont l'acide oléique a été obtenu par la saponification par la chaux. L'acide oléique qui, de par sa nature, entre facilement en solution dans la potasse, fournit des savons très mous appelés savons verts. L'acide oléique se saponifie soit par un mélange de potasse et de soude soit avec la soude seule.

C. — Résines.

Galipot Colophane.

La résine obtenue par incision de l'écorce de différents conifères, est composée en partie d'essence de térébenthine proprement dite et de résine. Par la distillation de l'huile de térébenthine, les acides de la résine restent séparés. Ils fournissent avec les alcalis des combinaisons qui se comportent avec l'eau comme les sels des acides gras, c'est-à-dire comme les savons ; les résines donnent des savons mous et l'on emploie habituellement ceux-ci comme succédanés des autres savons.

Avant d'employer la résine pour la préparation des savons fins, il faut la blanchir, on la fond dans un vase pour faire déposer les corps étrangers. On la maintient en fusion une heure et la masse décantée dans un autre vase contenant une solution bouillante d'acide chlorhydrique à 100 kilogrammes de résine on ajoute 9 kilogrammes d'acide chlorhydrique à 9° Baumé : on fait bouillir une heure et on répète cette même manipulation avec une nouvelle quantité d'acide chlorhydrique jusqu'à décoloration satisfaisante de la masse.

Ici nous ferons une remarque pratique : quelques résines sont réfractaires à cette méthode de blanchiment; avant de commencer cette opération, on fera un essai sur une petite quantité de résine.

Depuis peu on importe d'Amérique une résine de pin très claire et très pure, offrant une couleur d'ambre ; cette résine n'a pas besoin d'être blanchie, par la saponification on obtient directement des savons très transparents.

Appendice à l'essai des huiles.

Les huiles employées pour la fabrication des savons sont souvent falsifiées par des huiles moins chères ; le choix de l'huile n'étant pas sans importance, il est nécessaire de pouvoir reconnaître la fraude. Malheureusement il y a peu de moyens pour déterminer la nature des huiles mélangées et les distinguer entre elles. En ce qui concerne les huiles solides de consistance butyreuse, il semble que la détermination des points de fusion et de solidification soit un moyen de contrôle. Pour les huiles liquides, le poids spécifique est à prendre à considération. Quant aux produits chimiques et surtout aux réactions colorées, les résultats sont incertains.

Une connaissance parfaite des propriétés de chaque huile en particulier met l'acheteur en garde contre les falsifications. Nous indiquerons rapidement les caractères distinctifs des huiles.

Pour beaucoup, la densité ou le poids spécifique est le meilleur signe de pureté : outre le fait que le poids spécifique est très rapproché, il faut encore remarquer qu'il est modifié par le repos ;

d'où l'incertitude du résultat dans cette méthode.

Une preuve simple et vraiment pratique, pour déterminer l'identité de deux huiles, est la suivante : on colore en rouge une faible quantité de la graisse à analyser avec de l'*Alcana* et on laisse tomber une goutte de cette huile dans l'autre. Si les deux huiles sont les mêmes comme densité, la goutte colorée se placera indifféremment, si l'huile est plus ou moins dense, la goutte tombe au fond ou surnage. La détermination du point de fusion et de solidification des huiles solides, ne donne aucun résultat certain, parce que les huiles vieilles ont un point de fusion sensiblement plus élevé.

Les huiles siccatives sont faciles à différencier des huiles non siccatives, ce qui est important pour rechercher le mélange de deux huiles. Pour faire cet essai, on fait agiter dans l'huile le gaz formé par un mélange d'acide azotique et de *limaille de fer* ; les huiles non siccatives seront ainsi transformées en une masse cristalline, les huiles siccatives restent liquides ; ou bien on recouvre une plaque de verre d'une faible couche d'huile, si à cette huile est mélangée une huile siccative, la couche qui se trouve sur la plaque de verre devient visqueuse. Le mélange de résine à l'huile se laisse ainsi reconnaître ; on fait bouillir l'huile avec de l'alcool fort, on filtre et on traite par une solution alcoolique d'acétate de plomb ; par la présence des résines, il se forme un précipité floconneux blanc ;

2.

si l'huile est pure, le liquide est trouble sans formation de précipité.

Si l'huile contient de la résine mélangée, un traitement à l'alcool enlève cette dernière ; si on a mesuré le volume de l'huile, on peut par cette diminution évaluer la quantité pour 100 de résine mélangée.

D. DES ALCALIS.

Comme nous l'avons déjà dit, les alcalis forment par leur combinaison avec les acides gras des savons. Le mot alcali signifie en arabe cendre (al kali) ; ce genre de corps est en effet retiré des cendres de végétaux terrestres, ou marins, cendres qui contiennent de la soude et de la potasse combinées à l'acide carbonique, (carbonate de potasse et carbonate de soude).

Les carbonates alcalins ont en effet la propriété d'émulsionner les graisses, mais ne les détruisent pas. La propriété de saponifier les graisses appartient seulement aux alcalis libres, privés d'acide carbonique, aux alcalis caustiques. Lorsqu'il s'agit de préparer des savons de résine, on peut directement employer les carbonates alcalins ; car les acides des résines suffisent à séparer les alcalis et à se combiner à eux.

Les graisses n'ont pas cette propriété et ne forment avec les carbonates alcalins qu'une émulsion. Ainsi donc, si l'on veut saponifier la graisse, le fabricant devra toujours employer des alcalis caustiques obtenus à l'aide des carbonates alcalins de soude ou de potasse.

La transformation des carbonates alcalins en alcalis caustiques, se fait en les mélangeant de chaux éteinte (oxyde de calcium et eau). Par le mélange aux carbonates alcalins, la chaux échange son eau contre l'acide carbonique, on obtiendra de la ptasse ou de la soude caustique d'après les réactions :

Carbonate de potasse ou de soude :

(Potasse, soude + acide carbonique) + (Chaux éteinte Oxyde de calcium + Eau)

Après la réaction :

Potasse, soude + Eau = (Potasse et soude caustiques) + Oxyde de calcium + acide carbonique = (carbonate de chaux).

Cette transformation des carbonates alcalins en alcalis caustiques se fait le plus souvent à chaud. Remarquons enfin ceci : si l'on emploie une solution trop concentrée de carbonate, les alcalis caustiques qui se forment ont la propriété de reprendre l'acide carbonique du carbonate de chaux et de se retransformer en carbonates alcalins. Donc, dans cette préparation, on devra observer certaines proportions entre les quantités de carbonates alcalins, d'eau et de chaux éteinte.

Pour la fabrication des savons, on peut, par l'emploi de certains instruments très simples, s'assurer de la quantité de potasse et de soude contenues dans une solution. Alors seulement on déterminera la quantité de chaux à employer. On détermine le titre des solutions de carbonate au moyen d'un aréomètre se composant d'un tube de verre fermé aux deux bouts, gradué et lesté par du mercure ou des grains de plomb. Plus il y a de potasse ou de soude, moins l'aréomètre plonge ; les plus commodes sont ceux qui déterminent le poids spécifique.

Malheureusement, dans la fabrication des savons, on emploie encore l'aréomètre Baumé. Suit une table qui donne les degrés de Baumé en regard du poids spécifique : on peut avec cette table comparer les résultats de deux aréomètres différents.

A cette table, nous en joignons deux autres : la première qui donne la quantité pour $^0/_0$ de carbonate de potasse d'une solution de densité connue ; la seconde nous donne les mêmes évaluations par la soude. Cette dernière table a deux colonnes : les chiffres de la première colonne se rapportent au bicarbonate de soude cristallisé ; ceux de la seconde au carbonate de soude anhydre.

La soude cristallisée du commerce se compose de soude pure retenant une certaine quantité d'eau de cristallisation.

Table I

pour la comparaison de la densité indiquée par les aréomètres de Baumé et l'aréomètre des poids spécifiques.

Poids spécifique	Degré Baumé	Poids spécifique	Degré Baumé	Poids spécifique	Degré Baumé
1.000	0	1.080	11	1.176	22
1.007	1	1.088	12	1.185	23
1.014	2	1.096	13	1.195	24
1.020	3	1.104	14	1.205	25
1.028	4	1.113	15	1.215	26
1.034	5	1.121	16	1.225	27
1.041	6	1.130	17	1.235	28
1.049	7	1.138	18	1.245	29
1.057	8	1.147	19	1.256	30
1.064	9	1.157	20	1.312	35
1.072	10	1.166	21	1.375	40

Table II

qui montre la teneur pour % en carbonate de potasse d'une lessive de densité donnée.

Pour cent carbonate de potasse	Poids spécifique	Pour cent carbonate de potasse	Poids spécifique	Pour cent carbonate de potasse	Poids spécifique
1	1.00914	15	1.14179	29	1.28999
2	1.01829	16	1.15200	30	1.30103
3	1.02743	17	1.16222	31	1.31261
4	1.03658	18	1.17243	32	1.32417
5	1.04572	19	1.18265	33	1.33573
6	1.05513	20	1.19286	34	1.34725
7	1.06454	21	1.20344	35	1.35885
8	1.07396	22	1.21402	36	1.37082
9	1.08337	23	1.22459	37	1.38279
10	1.09278	24	1.23517	38	1.39476
11	1.10258	25	1.24575	39	1.40673
12	1.11238	26	1.25681	40	1.41870
13	1.12219	27	1.26787	45	1.48041
14	1.13199	28	1.27893	50	1.54408

Table III

qui montre la teneur pour °/₀ en carbonate de soude d'une solution de densité donnée.

Densité	Pour cent de carbon. de soude		Densité	Pour cent de carbon. de soude	
	cristallisé	anhydre		cristallisé	anhydre
1.0038	1	0.370	1.1035	26	9.635
1.0076	2	0.747	1.1076	27	10.005
1.0114	3	1.112	1.1117	28	10.376
1.0153	4	1.482	1.1158	29	10.746
1.0192	5	1.853	1.1200	30	11.118
1.0213	6	2.223	1.1242	31	11.488
1.0270	7	2.594	1.1284	32	11.859
1.0309	8	2.965	1.1326	33	12.230
1.0348	9	3.335	1.1368	34	12.600
1.0388	10	3.706	1.1410	35	12.971
1.0428	11	4.076	1.1452	36	13.341
1.0468	12	4.447	1.1494	37	13.712
1.0508	13	4.817	1.1536	38	14.082
1.0548	14	5.188	1.1578	39	14.453
1.0588	15	5.558	1.1620	40	14.824
1.0628	16	5.929	1.1662	41	15.195
1.0668	17	6.299	1.1704	42	15.566
1.0708	18	6.670	1.1746	43	15.936
1.0748	19	7.041	1.1788	44	16.307
1.0789	20	7.412	1.1830	45	16.677
1.0830	21	7.782	1.1873	46	17.048
1.0871	22	8.153	1.1916	47	17.418
1.0912	23	8.523	1.1959	48	17.789
1.0953	24	8.894	1.2002	49	18.159
1.0994	25	9.264	1.2043	50	18.530

E. — DU SEL DE CUISINE.

Le sel de cuisine se vend dans le commerce, sous forme soit de masses grisâtres cristallines soit de petits cristaux : le sel dit de fabrique employé pour la fabrication du savon est habituellement dénaturé dans les pays où l'Etat le monopolise, en y ajoutant un corps odorant qui en rend l'usage impossible.

Le fabricant peut employer n'importe quel sel, à la condition qu'il soit suffisamment pur. Si le sel contient des substances insolubles dans l'eau (gypse), le sel sera traité dans un vase par l'eau et la solution concentrée sera décantée.

F. — DE L'EAU.

L'eau qu'il faut employer doit être parfaitement pure. Si on n'a pas d'eau claire, elle devra être filtrée au travers du sable. Pour cette opération, on dépose sur le fond d'une cuve deux couches de sable superposées ; la supérieure est de sable à gros grain, l'inférieure est de sable fin, et on les dispose de façon que la transition de l'une à l'autre soit progressive. On verse l'eau impure par dessus, et l'eau qui s'écoule inférieurement est privée de particules solides en suspension, celles-ci étant retenues par les couches de sables.

La fabrication du savon se décompose en plusieurs opérations principales : d'abord, la préparatoin des alcalis, l'ébullition du savon, le moulage.

A côté de ces opérations principales, il y en a plusieurs autres qui ont reçu un nom spécial. L'affinage, le foulage, le marbrage, par exemple. Par l'emploi de vapeur d'eau, la saponification a changé de face dans l'industrie. Nous la décrirons dans une partie spéciale de cet ouvrage.

Pour les grandes fabriques, en particulier, la préparation du savon par la vapeur d'eau est recommandable ; car une fabrique travaille ainsi plus facilement, à meilleur compte, livre des produits plus uniformes que ceux qui n'emploient pas cette méthode.

Une spécialité, dans la préparation des savons, est la préparation des savons de luxe et de toilette que nous recommandons tout spécialement aux petits fabricants, car leur préparation est facile et productive.

IV. — Préparation des lessives alcalines.

Tandis qu'autrefois les alcalis dont les fabricants de savon se servaient provenaient des cendres de bois, aujourd'hui cette préparation devient de plus en plus rare. Les fabriques de produits chimiques fournissent les carbonates alcalins et les bases caustiques à des prix tels que le fabricant de savon peut les acheter tout préparés.

Nous dirons cependant que pour le petit fabricant l'emploi des cendres de bois est très recommandable, en raison du bon marché de la matière première.

D'après l'ancienne pratique de la fabrication de carbonates alcalisés, on les prépare à froid et l'on extrait le carbonate alcalin des cendres de bois. Cette méthode vieillie ne s'emploie plus que dans les petites fabriques, dans les régions où l'on brûle du bois. Le charbon de terre contient très peu de carbonate de potasse, mais des sulfates et des phosphates. Il est donc inapplicable ici.

Avec la cendre de bois, on épuise d'abord la cendre par l'eau et on obtient une solution de carbonate de potasse dont on détermine le titre par l'aréomètre, afin de la traiter comme nous l'avons indiqué.

Le plus souvent cela n'est pas possible et le titre de la solution est déterminé d'une façon tout à fait empirique ; et cependant c'est là un point capital pour le fabricant.

Par l'ancienne méthode, on n'obtenait que peu d'alcalis concentrés. On opère aujourd'hui autrement : la cendre est débarrassée par le crible des pierres et des morceaux de charbon, etc... On forme avec ces cendres des tas dont on évide le sommet. La cavité est remplie de fragments de chaux vive, et l'on asperge avec de l'eau. La chaux se combine à l'eau avec dégagement de chaleur et se débite en une poudre fine de chaux éteinte insoluble.

On mélange ensuite le tout bien intimement avec une pelle de bois et on le porte dans un vase appelé cendrier (A). Si celui-ci est en bois, l'alcali caustique l'attaquera rapidement ; il vaudra mieux le construire en fer (fig. 1). Au-dessus du fond de ce cendrier, il existe un robinet (II) pour évacuer le liquide et un tuyau (R) qui arrive jusqu'au bord

supérieur du cendrier. A quelque distance au-
dessus du fond du cendrier se trouve un tamis (S)

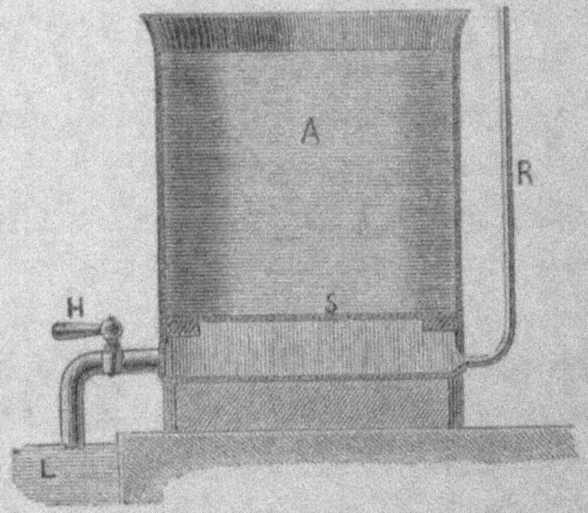

Fig. 1.

recouvert d'une toile grossière. On remplit l'appareil d'un mélange de cendres de bois et de chaux
éteinte. On laisse couler l'eau jusqu'à ce qu'elle dépasse un peu la couche de cendres de bois. L'air comprimé par l'eau se dégage par le tuyau (R). Le cendrier est disposé de telle sorte que le liquide qu'il
contient puisse s'écouler dans un bassin profond ou
récipient à lessive (L). Après 5 à 6 heures, la lessive est devenue caustique, ce que l'on reconnaît
à ce qu'une quantité filtrée ne donne plus de gaz
avec l'acide chlorhydrique.

Un grand nombre de fabricants de savon préfèrent ne retirer la lessive que de 12 à 30 heures après,
précaution bien inutile en ce sens que, loin de
s'améliorer, la lessive se détériore en dissolvant

une certaine quantité de sels difficilement solubles contenus dans les cendres.

La première lessive obtenue, a généralement une densité de 1,157 à 1,205 (20 à 25° Baumé).

Après avoir soutiré la lessive, on recommence avec la même quantité d'eau et on obtient une seconde lessive de 1,057 à 1,072 (8 à 10° Baumé).

La troisième lessive donne la lessive faible de 1,020 à ,1028° au plus, (2 à 4° Baumé).

Une quatrième lessive donne un produit très faible que l'on emploie pour remplir un nouveau cendrier.

La cendre ne contient en général que 5 à 8 % de carbonate de potasse pur ; les lessives obtenues des cendres seront soit purifiées, soit traitées directement.

Pour fabriquer de la potasse ou de la soude caustiques, on emploie pour 100 parties de carbonate de potasse 40,5 parties de chaux, et pour 100 parties de carbonate de soude, 53 parties de chaux.

Mais comme les sels du commerce n'ont jamais la valeur de 100 pour 100, la quantité de chaux est généralement trop grande.

On prend de préférence la chaux qui est bon marché en excès. D'ailleurs qu'il soit bien entendu que dans la pratique on n'obtient jamais de lessive absolument dépourvue d'acide carbonique. Ce n'est pas un désavantage sérieux pour obtenir d'ailleurs de bons savons.

Bien plus souvent au lieu d'employer les cendres, on fabrique la lessive directement avec les carbonates alcalins. On emploie alors des récipients en tôle chauffés par la flamme ou la vapeur. Le couvercle peut être soulevé par une chaîne maintenue par une poulie. Une *écumoire* assez grande pour contenir la quantité de potasse ou de soude nécessaire pour faire la solution, est suspendue à cette chaîne. Le récipient doit être assez grand pour contenir un poids d'eau égal à 10 fois celui de la potasse.

On remplit la caisse d'eau ou de solution faible obtenue par une opération précédente ; on plonge l'*écumoire* remplie de potasse et de soude et on fait bouillir ; on remplit alors l'*écumoire* de chaux et on porte de nouveau à l'ébullition pendant une demi-heure et on laisse le feu s'éteindre. Le carbonate de chaux ainsi formé tombe rapidement au fond et la lessive, devenue claire, sera portée toute chaude dans le récipient à lessive caustique. Si l'on travaille avec de la vapeur, on injecte la vapeur par un tuyau dans le vase et on porte ainsi rapidement à l'ébullition.

Cette première lessive est très forte et possède une densité variant ordinairement entre 1,157 et 1,205 (soit 20 à 25° Baumé). La chaux retient encore de notables quantités d'alcali caustique. En l'épuisant avec de l'eau, on obtient une première fois une lessive d'une densité d'environ 1,113 (15° Baumé), puis, une seconde fois, une lessive de 1,072 (10°

Baumé). Il est bon de conserver ces lessives de forces différentes dans des récipients séparés. Une quatrième addition d'eau n'a d'autre but que d'extraire les dernières traces d'alcali et la solution obtenue sert à la place d'eau pour une prochaine opération.

Lorsqu'on a été obligé d'employer de la potasse ou de la soude très impure, ou lorsqu'on veut utiliser la lessive pour saponifier l'huile de coco, il faut *concentrer la lessive par l'évaporation*. Cette dernière, versée encore chaude dans des bassins en fer peu profonds, est maintenue continuellement à l'état d'ébullition ; la grande masse de vapeur qui se dégage du liquide empêche qu'il n'absorbe de l'acide carbonique (les alcalis caustiques attirent en effet ce dernier avec une grande avidité).

On continue l'évaporation jusqu'à ce que les lessives aient 30° Baumé, concentration à laquelle la majeure partie des sels étrangers, mélangés aux lessives, cristallisent par le refroidissement.

Les lessives destinées à la saponification de l'huile de coco doivent être concentrées à 40° Baumé.

Les récipients à lessives, établis de préférence de façon à ce que le couvercle soit au niveau du plancher, doivent être construits en tôle de fer et être hermétiquement clos, sinon les lessives perdraient, à la suite d'un séjour prolongé, une partie de leurs qualités caustiques et absorberaient l'acide carbonique de l'air.

Une pompe fixée dans le récipient sert à transvaser la lessive dans la chaudière à saponifier.

L'appareil qui convient le mieux pour mesurer commodément la quantité de lessive d'une densité donnée, nécessaire pour une certaine quantité de matière grasse, est un vase d'une contenance d'environ 1,000 litres, muni d'un indicateur de niveau (tube en verre fixé sur un des côtés du récipient et dans lequel le liquide s'élève au même niveau que dans ce dernier); à ce tube est joint une échelle graduée permettant de mesurer l'écoulement du liquide de 10 en 10 litres.

Ce vase est placé de façon à ce qu'on puisse le vider directement dans la chaudière de saponification et le remplir à nouveau au moyen de la pompe du récipient à lessives.

Les dimensions de la chaudière et du récipient à lessives dépendent naturellement de l'importance de la fabrique; il est cependant toujours bon de donner à ces appareils d'assez grandes dimensions, car on réalise par cela une grande économie de combustible et de main-d'œuvre.

Comme il est actuellement d'usage d'acheter toujours les carbonates alcalins titrés, c'est-à-dire avec un tant pour cent garanti en carbonate de potasse ou de soude pur, il est facile de calculer 'a quantité de chaux nécessaire pour rendre caustique une quantité donnée de carbonate alcalin.

Il faut, pour enlever complètement l'acide carbonique à 68,68 parties en poids (un équivalent) de carbonate de potasse, 27,88 parties en poids de chaux caustique, c'est-à-dire que 100 parties de carbonate de potasse nécessitent 40,6 parties de chaux.

Le rapport des équivalents pour la soude sera au contraire le suivant : 53 parties en poids de carbonate de soude nécessitent 27,88 parties de chaux ou 100 de soude, 52,83 de chaux.

Il faut cependant toujours admettre en faisant ces calculs que les carbonates alcalins, aussi bien que la chaux, sont absolus, c'est-à-dire chimiquement purs, ce qui n'est pas le cas dans la pratique. Les tableaux suivants indiquent les quantités de chaux correspondant à 100 parties en poids de potasse ou de soude de diverses contenances en tant pour cent. L'emploi de ces tableaux rend au *praticien tout calcul* inutile.

On emploie pour préparer une lessive de potasse caustique :

pour une potasse contenant en tant % de carbonate de potasse	Une quantité de chaux de : lorsque la chaux contient — pour cent de chaux caustique :							
	90	85	80	75	70	65	60	55	50
100	45.11	47.76	50.74	54.13	58.—	62.46	67.67	73.82	81.20
95	42.86	45.38	48.21	51.43	55.40	59.34	64.28	70.15	77.14
90	40.60	42.99	45.67	48.72	52.20	56.22	60.90	66.44	73.08
85	38.35	40.60	43.14	46.01	49.30	53.10	57.52	62.75	69.02
80	36.09	38.21	40.60	43.31	46.40	49.97	54.13	59.06	64.96
75	33.83	35.82	38.06	40.60	43.50	46.85	50.75	55.36	60.90
70	31.58	33.44	35.53	37.90	40.60	43.74	47.37	51.68	56.84
65	29.32	31.05	33.—	35.19	37.70	40.60	43.98	48.—	52.78
60	27.06	28.66	30.47	32.48	34.80	37.48	40.60	44.31	48.72
55	24.81	26.27	27.92	29.77	31.90	34.36	37.22	40.66	44.66
50	22.56	23.88	25.37	27.06	29.—	31.23	33.86	36.94	40.60

On emploie pour préparer une lessive de soude caustique :

pour une soude contenant en tant % de carbonate de soude	Une quantité de chaux de : lorsque la chaux contient — pour cent de chaux caustique							
	90	85	80	75	70	65	60	55	50
100	58.70	62.15	66.07	70.44	75.47	81.28	88.03	96.06	105.65
95	55.77	59.04	62.73	66.92	71.70	77.22	83.60	91.26	100.38
90	52.63	55.83	59.42	63.40	67.97	73.10	79.20	86.46	95.10
85	49.90	52.83	56.10	59.88	64.19	69.03	74.79	81.65	89.80
80	46.97	49.72	52.80	56.36	60.42	64.97	70.39	76.80	84.52
75	44.04	46.61	49.49	52.83	56.65	60.81	65.98	72.06	79.24
70	41.11	43.51	46.19	49.51	52.88	56.84	61.58	67.26	73.94
65	38.19	40.40	42.89	46.—	49.11	52.78	57.17	62.46	68.66
60	35.26	37.30	39.59	42.50	45.34	48.72	52.77	57.65	63.36
55	32.33	34.20	36.28	39.—	41.57	44.70	48.37	52.85	58.06
50	29.35	31.07	33.02	35.22	37.73	40.64	44.03	48.03	52.80

En ce qui concerne la quantité d'eau que l'on emploie pour dissoudre les carbonates alcalins, il en faut moins pour la soude que pour la potasse.

Il en faut pour cette dernière environ la dixième partie en poids de la quantité réelle du carbonate de potasse pur ; pour la soude, la neuvième partie de la quantité de carbonate de soude suffit. Il est vrai que de cette façon, ainsi qu'il a déjà été dit, on n'obtient jamais une lessive complètement caustique et qu'une faible quantité de carbonate alcalin n'est pas décomposée. Mais cette quantité n'a aucune influence sur la réussite de la saponification.

Préparation de la lessive en employant la soude caustique solide.

Beaucoup de fabriques de produits chimiques livrent actuellement au commerce de la soude caustique solide à des prix modérés et l'emploi de ce produit est très commode pour le fabricant de savon.

La soude caustique est si facilement soluble dans l'eau, qu'il est parfaitement inutile d'employer la chaleur pour la dissoudre ; on suspend tout simplement dans l'eau un récipient en tôle muni d'un filtre sur lequel on place les morceaux de soude, de telle façon que l'eau soit juste en contact avec eux ; la dissolution complète de la soude a lieu en peu de temps et le liquide s'échauffe fortement.

Il est facile d'obtenir de cette manière, à tous les degrés de concentration possibles, des lessives voulues. L'on pourra les employer d'abord en place des solutions de sel de cuisine pour séparer le savon de ses solutions et plus tard pour la cuisson même du savon.

Essai des lessives comme teneur en alcalis caustiques.

Il est d'une grande importance pour le fabricant de savon de pouvoir déterminer exactement la quantité d'alcali contenue dans une lessive, car c'est le seul moyen qui lui permette de calculer la quantité de matières grasses qu'il peut saponifier avec une quantité donnée de lessive.

La méthode par titrage ou analyse quantitative est la plus exacte, mais exige certaines connaissances chimiques ; aussi la plupart des praticiens préfèrent-ils employer le densimètre et déterminer avec cet instrument la quantité en tant pour cent d'alcali caustique contenu dans la lessive. On construit aussi des *balances* dites *à lessive* qui indiquent directement en tant pour cent la teneur en potasse ou en soude caustique sur deux échelles séparées, dont l'une pour la potasse et l'autre pour la soude.

Les tableaux suivants, calculés pour l'emploi des densimètres et des aréomètres Beaumé, indiquent en tant pour cent, avec une précision très suffisante pour la pratique, la teneur des lessives en alcalis caustiques, ainsi que la quantité de matières grasses

Tableau des lessives de potasse caustique.

La lessive			50 litres de cette lessive saponifient kilos de graisse :
indique		contient	
poids spécifique	Degrés Baumé	en % de potasse caustique anhydre	
1.3300	36	28.290	114
1.3131	34	27.158	105.5
1.2966	33	26.027	102.5
1.2803	32	24.895	96.5
1.2648	30	23.764	91
1.2491	28	23.632	85.5
1.2342	27	21.500	80.5
1.2268	26	20.935	78
1.2122	25	19.803	72.5
1.1979	23	18.671	68
1.1839	22	17.540	63
1.1702	21	16.408	58
1.1568	19	15.277	53.5
1.1437	18	14.145	49.5
1.1308	17	13.013	44.5
1.1182	15	11.822	40
1.1059	14	10.750	36
1.0938	12	9.619	32
1.0819	11	8.437	28
1.0703	10	7.355	24
1.0589	7	6.214	20
1.0478	6	5.022	16
1.0369	5	3.961	12.5
1.0260	3	2.829	9
1.0153	2	1.697	5
1.0050	1	0.566	1.8
1.4285	43.5	30.220	208.35
1.4193	43.0	29.616	203.25
1.4101	42.0	29.017	197.85
1.4011	41.4	28.407	192.50
1.3923	40.5	27.802	187.15
1.3836	39.7	27.200	182.09
1.3751	39.0	26.594	176.85
1.3668	38.5	25.989	171.80
1.3586	38.0	25.385	166.75
1.3505	37.3	24.780	161.85
1.3426	36.7	24.176	157.00
1.3349	36.0	23.572	152.15
1.3273	35.0	22.967	147.05
1.3198	34.5	22.363	142.70
1.3143	34.2	21.894	139.15
1.3125	34.0	21.738	138.10
1.3013	33.5	21.154	133.55

Tableau des lessives de potasse caustique.

| La lessive | | | 50 litres de cette lessive saponifient kilos de graisse |
| indique | | contient | |
poids spécifique	Degrés Baumé	en % de potasse caustique anhydre	
1.2982	33.0	20.550	129.00
1.2912	32.4	19.943	125.50
1.2843	31.6	19.341	120.10
1.2775	31.0	18.730	116.70
1.2708	30.5	18.132	111.45
1.2642	30.0	17.518	107.10
1.2578	29.0	16.923	94.65
1.2515	28.5	16.319	93.75
1.2453	28.0	15.714	90.60
1.2392	27.0	15.110	86.15
1.2280	26.0	14.506	81.85
1.2178	25.0	13.901	77.50
1.2058	24.5	13.297	
1.1948	23	12.692	73.30
1.1841	22	12.088	69.75
1.1734	21	11.484	65.15
1.1630	20	10.879	61.15
1.1528	19	10.275	57.30
1.1428	18	9.670	53.40
1.1330	17	9.000	49.70
1.1233	16	8.462	45.95
1.1137	15	7.857	42.30
1.1012	13.5	7.253	38.70
1.0948	12	6.648	35.20
1.0853	11	6.044	31.70
1.0761	10	5.440	28.30
1.0675	9	4.835	24.95
1.0587	7	4.231	21.65
1.0500	6	3.626	18.40
1.0414	5.6	3.022	15.20
1.0330	4.2	2.418	12.0
1.0246	3	1.813	8.95
1.0163	2	1.209	5.95
1.0081	1	0.604	2.95

que l'on peut saponifier avec 50 litres de solution.

Il faut veiller, en faisant usage de ces tableaux, que la température de la lessive soit *exactement* 15 *degrés centigrades* pendant la détermination, parce que ces tableaux cesseraient d'être exacts pour toute autre température.

Ces tableaux montrent clairement que l'on obtient le même résultat pour la saponification de matières grasses avec une plus petite quantité de soude caustique qu'en faisant usage de potasse caustique.

Si donc, les conditions d'achat de carbonate de potasse, soit sous forme de potasse, soit sous celle de cendres de bois, ne sont pas très favorables, il ne peut rester aucun doute au fabricant de savon pour se résoudre à faire usage de la soude ; le fabricant choisira comme base de fabrication, soit de la soude calcinée (anhydre), soit de la soude calcinée contenant un poids d'eau *déterminé*, soit aussi de la soude cristallisée.

V. — FABRICATION DU SAVON.

La combinaison des acides gras avec l'alcali et la séparation simultanée de la glycérine et du savon dans le liquide même se fait par la saponification, ce mot étant pris dans son sens général.

Pris dans un sens restreint, ce terme de saponification ne comprend que la formation des sels des acides gras.

Nous avons à tenir compte de plusieurs opérations différentes les unes des autres, suivant la marche adoptée dans la pratique pour la fabrication du savon et qui sont de nature tantôt chimique tantôt physique.

En suivant l'ordre dans lequel ces opérations se suivent, nous avons :

1° *La saponification*. — Formation des sels des acides gras par l'action de l'alcali sur la matière grasse.

2° *La salaison* ou *séparation du savon* et de la solution dans l'eau.

3° *Clarification par la cuisson*. — Saponification complète des matières grasses qui pourraient se trouver non encore saponifiées. Cette opération n'est pas nécessaire pour toutes les sortes de savons.

4° *L'affinage*. — Cette opération consiste à éliminer du savon les impuretés qui pourraient y être mélangées mécaniquement et à l'additionner d'une certaine quantité d'eau.

5° *Le marbrage du savon*. — Opération dans laquelle on produit les marbrures et les taches particulières que l'on remarque dans les savons. Pour plusieurs espèces de savons, l'une ou l'autre de ces opérations n'ont pas lieu ; le procédé par la vapeur diffère aussi quelque peu de celui à feu nu.

Un des chapitres suivants est consacré à la fabrication des divers genres de savons, ainsi qu'à la fabrication par la vapeur ; ce que nous venons d'exposer jusqu'ici n'est qu'un énoncé général qui doit servir de préambule et de guide, et nous commencerons par la description du plus ancien procédé, celui à feu nu.

Nous le ferons ainsi parce que c'est le procédé le plus ancien ; mais quoique beaucoup de fabricants de savons s'en tiennent encore strictement à lui, il n'est plus en rapport avec notre époque et nous paraît onéreux, non seulement au point de vue du matériel, mais encore à celui de la main-d'œuvre et du temps employé.

D'après l'ancien mode de fabrication, toutes les cuites se font à feu nu et toutes les manipulations à la main, tandis que d'après les nouvelles méthodes on ne fabrique plus qu'à l'aide de la vapeur et de forces mécaniques.

Dans la fabrication en grand, l'ancien procédé ne peut même pas entrer en concurrence, tant en ce qui concerne le bon marché de la main-d'œuvre qu'en ce qui concerne le maniement des masses à travailler.

VI. — DE LA SAPONIFICATION

EN GÉNÉRAL.

1° *Formation de la masse savonneuse.*

La cuisson du savon à feu se fait dans de grandes chaudières en fer battu ou en fonte ; mais le fer battu est préférable.

Une chaudière en fonte, en ce qui concerne son

achat, revient à meilleur marché qu'une chaudière en fer, mais doit être remplacée par une neuve dans le cas où une fissure se produirait, ce qui arrive assez fréquemment, tandis que l'on peut facilement réparer à plusieurs reprises une chaudière en fer battu en rivant une plaque de tôle sur la partie endommagée.

Les dimensions de la chaudière dépendent naturellement de l'importance de la fabrique. On la choisit en général de façon à ce que l'ouvrier puisse remuer avec la spatule la masse qu'elle contient.

La capacité de la chaudière doit être proportionnée à la masse de matières grasses à saponifier en une seule fois, de sorte que pour 100 kilogrammes de graisse, il reste environ un demi-mètre cube de libre. Mais comme il faudrait déjà une chaudière de fortes dimensions, même pour des quantités de graisse relativement faibles, et que la partie inférieure seulement de la chaudière a besoin d'être en contact avec le feu, on ajoute à la chaudière K (fig. 2), une rallonge S, construite soit en bois, soit en maçonnerie et qui constitue la majeure portion de la chaudière. La chaudière et sa rallonge présentent ensemble la forme d'un cône renversé dont les parois forment un angle obtus.

La chaudière doit être de préférence établie de façon à ce que le foyer F, la chaudière K et une partie de la rallonge S, se trouvent situés en dessous du plancher M, et que ce dernier ne soit séparé par la partie supérieure de la rallonge que de 70 centimètres à un mètre.

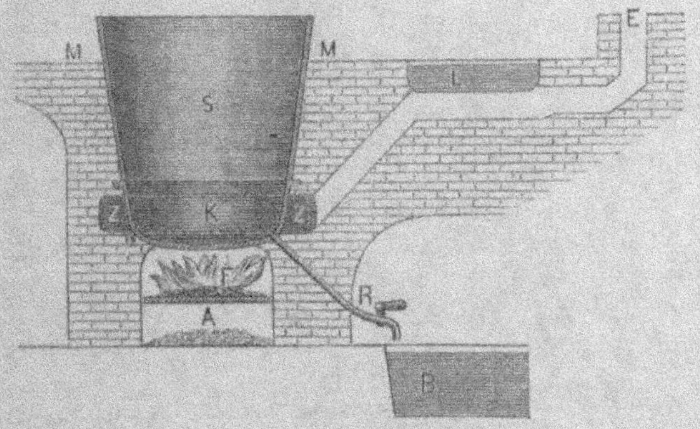

Fig. 2.

Pour ne pas perdre de chaleur, on conduit les gaz de combustion après qu'ils ont léché le fond et les parois de la chaudière en dessous de la chaudière à lessive L, avant de les faire évacuer par la cheminée E. On peut ainsi, sans autres frais, évaporer fortement les lessives et par conséquent les *concentrer*, ce qui dans certains cas, présente un grand avantage.

Pour ne pas être obligé d'enlever au moyen d'une pompe spéciale la lessive qui se rassemble au fond de la chaudière, on adapte souvent au fond de celle-ci un tuyau R qui permet à la lessive de s'écouler dans un récipient B. Il est important d'établir la maçonnerie de telle sorte, que la partie inférieure de la chaudière puisse être enveloppée de tous côtés par les gaz de combustion.

La figure 3 montre en coupe la disposition à

Fig. 3

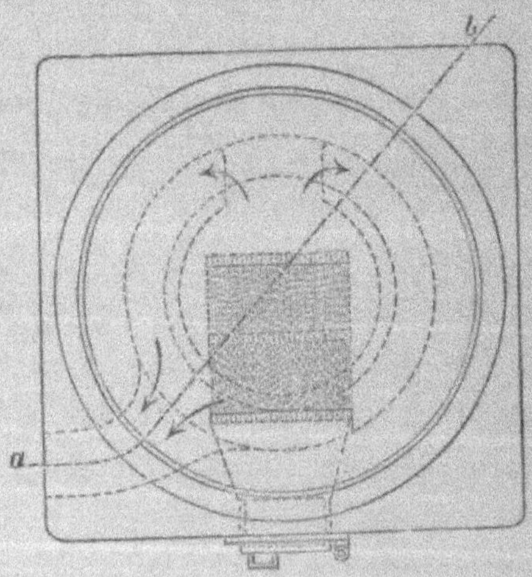

Fig. 4.

donner à la maçonnerie, et la figure 4 l'indique en
plan. Les flèches montrent la direction des gaz.

Lors de la saponification, on introduit dans la chaudière la quantité voulue en poids de matières grasses et la proportion de lessive déterminée par les tableaux donnés plus haut, puis on porte le mélange à l'ébullition.

L'on procède à l'ordinaire en ajoutant la graisse peu à peu à la lessive. La masse entière se transforme bientôt en un liquide laiteux produit par la séparation de la graisse en petites gouttes. Ce liquide s'éclaircit après un certain temps si les proportions ont été bien gardées et la formation de la masse savonneuse a lieu.

Il est rare que l'on arrive à obtenir une proportion de graisse et de lessive assez exacte pour que toutes deux se transforment entièrement en savon ; un excédent de l'une ou de l'autre de ces matières se reconnaît à ce que la masse reste très longtemps trouble. Dans la pratique, on détermine par essai laquelle des deux matières, de la graisse ou de la lessive est en trop grande ou en trop faible quantité : cet essai consiste à laisser refroidir sur l'ongle ou sur une plaque de verre une goutte du liquide contenu dans la chaudière.

Un excédent en graisse se reconnaît alors à ce qu'il se forme un cercle graisseux et transparent d'une teinte plus claire autour de la goutte blanchâtre et solidifiée qui s'est formée.

La goutte reste-t-elle longtemps trouble, c'est l'indice qu'il y a excédent de lessive. Enfin, lorsque les proportions sont exactes, la goutte perd rapidement son apparence trouble et se prend en une masse *visqueuse*.

L'habitude fait de cet essai sur l'ongle ou sur une plaque de verre un moyen très pratique d'essayer la masse savonneuse.

Lorsque les proportions ne sont pas justes, on ajoute de petites quantités de lessive ou de graisse jusqu'à ce que l'essai indique une proportion exacte.

Il n'est point indifférent d'employer pour la formation de la masse savonneuse une lessive forte ou faible; sa force dépend au contraire de la nature de la graisse à saponifier. Car tandis que certaines graisses se saponifient déjà sous l'influence de lessives, d'autres, telles que l'huile de coco, nécessitent l'emploi de lessives très concentrées. Nous reviendrons sur ce sujet en le traitant plus à fond, lorsque nous traiterons des diverses sortes de savons.

A ce moment de l'opération, la masse savonneuse se trouve, dans la chaudière à saponifier, mélangée à la glycérine qui, avant la décomposition de la graisse, était combinée avec les acides gras.

L'opération chimique qui a eu lieu est la suivante :

Avant la formation de la masse savonneuse on a :

Matières grasses =   *Lessive =*

Acides gras+glycyloxyde Potasse (ou soude)+eau.

Après la formation de la masse savonneuse on a :

Savon =   *Glycérine =*

Acides gras+potasse (ou soude) Glycyloxyde+eau.

Suivant que l'on a fait, usage de lessives de potasse ou de soude, on obtient des sels gras de potasse ou de soude.

La lessive de potasse ne donnant par elle seule que des savons très mous (savons liquides), on les transforme en savons à la soude ou bien on compose un mélange de savons à la soude et à la potasse.

On opérait autrefois cette transformation de savons à la potasse en savons à la soude uniquement au moyen de sel de cuisine et on lui a donné pour cette raison la dénomination de *salage du savon*.

2° *Le salage.*

Cette opération a un but double ou bien unique, suivant que l'on travaille avec une lessive de potasse ou de soude. Dans le premier cas, il s'agit de transformer le savon à la potasse en savon à la soude et de le séparer dans l'eau de sa solution en l'isolant de la glycérine. Dans le second cas, la transformation n'est pas nécessaire. Pour les savons à la soude, le salage n'a donc d'autre but que de rendre le savon insoluble et de le séparer de la glycérine.

Le sel de cuisine ou chlorure de sodium a la propriété de se décomposer en présence d'un sel gras de potasse en formant un sel gras de soude et du chlorure de potassium. Il rend en outre le *savon insoluble dans l'eau* et le sépare de sa solution.

Certains savons, cependant, tels que le savon d'huile de coco, font exception à cette règle, restant solubles même dans un liquide fortement additionné de sel de cuisine.

Pour ces sortes de savons, le salage s'opère au moyen de lessives très concentrées qui, par l'évaporation, déterminent également la séparation du savon.

La réaction chimique produite lors du salage de la masse savonneuse préparée par la lessive de potasse, est la suivante :

Avant le salage on a :

Savon à la potasse $=$ Sel de cuisine $=$
Acides gras $+$ potasse   Sodium $+$ chlore.

Après la salaison on a :

Savon à la soude $=$ Chlorure de potassium $=$
Acides gras $+$ soude   Potassium $+$ chlore.

La transformation du savon à la potasse en savon à la soude a lieu très rapidement après l'addition de sel et par une cuisson continue, et l'on a la faculté, dans la majeure partie des cas, de transformer tout le savon à la potasse en savon à la soude ou de n'opérer la transformation qu'à demi, de façon à obtenir un mélange des deux sortes de savons.

Le savon, ainsi séparé de la solution, surnage sur un liquide aqueux, nommé *lessive basse*, qui, à part la glycérine et le chlorure de potassium, contient encore les autres sels qui se trouvaient dans la lessive, les matières colorantes, etc.

Si l'opération a bien été conduite, la lessive mère ne contiendra plus qu'une très faible quantité de sel de cuisine, soit 1 à 1 1/2 % ; si l'on a trop forcé la dose de sel, ce dernier se trouvera dans la lessive mère, et il en résultera naturellement une perte.

Suivant] l'ancien procédé, et pour des savons fins, on saponifiait sur *la deuxième, troisième et même sur la quatrième eau*, c'est-à-dire que l'on décantait la lessive mère, on faisait dissoudre le savon dans l'eau, puis l'on salait en répétant cette opération deux ou trois fois, ce qui permettait d'obtenir des savons toujours plus fins.

3° *La clarification.*

Cette opération a pour but, à part ce que l'on appelle le *dressage*, de saponifier complètement la graisse qui n'aurait pas encore été décomposée ; mais elle doit être considérée comme tombée en désuétude, car on peut la supprimer complètement, en apportant plus de soins à la cuisson, de la masse savonneuse.

On faisait dissoudre le savon passé au sel dans une lessive faible, puis cuire, passer au sel, puis cuire de nouveau un certain temps avec la lessive qui se formait pendant l'opération.

On met actuellement, ainsi que nous l'avons dit, plus de soins à la formation de la masse savonneuse, ce qui permet de supprimer complètement la clarification.

Ce que les fabricants de savon désignent encore aujourd'hui par *clarification*, devrait plutôt s'appeler *cuite*, car cette opération sert à rendre le savon terminé plus anhydre.

Pendant la clarification le savon monte et écume beaucoup, et les vapeurs en s'élevant forment de grosses bulles.

Lorsque la cuite a été poussée assez longtemps pour qu'une goutte d'essai pressée entre le pouce et l'index se comprime en plaque, on dit que le savon *granule*, c'est-à-dire qu'en refroidissant le savon se solidifie en une masse aussi déshydratée que possible.

On fabrique actuellement beaucoup plus rarement des savons granulés, parce que l'on exige, surtout pour les savons de toilette fins, qu'ils se dissolvent rapidement dans l'eau en moussant beaucoup, qualités qui manquent aux savons granulés, mais qui peuvent leur être données par l'opération suivante, l'*affinage*.

4° *L'affinage.*

On charge le savon sur la lessive qui reste après la fabrication de la masse savonneuse et l'on pousse activement le feu, de façon à ce que la lessive soit constamment rejetée au-dessus. On continue à chauffer jusqu'à ce qu'il se forme de grandes plaques de savon et que ce dernier prenne sur toute sa surface une teinte jaune foncé. A ce moment, on enlève le feu, on laisse reposer le savon pendant une heure, afin que les matières étrangères puissent se déposer et l'on transvase le savon dans des baquets nommés *formes*.

L'affinage, tel que nous venons de le décrire, se nomme l'*affinage par le haut*. Mais lorsqu'on opère avec des produits très impurs, on procède par *affinage par en bas*, dans lequel on enlève la lessive mère et l'on ajoute de la lessive additionnée de sel, afin d'empêcher la formation de la masse savonneuse.

De même que l'affinage est passablement tombé en désuétude, l'opération dite du *mouillage* n'est plus guère en usage. Le mouillage a comme l'affinage pour but d'augmenter la teneur en eau du savon; on introduit pour cela de l'eau dans le savon que l'on veut solidifier, en agitant ce dernier.

Nous ferons cependant remarquer que seul le mouillage par ce procédé ne se pratique plus, car certains fabricants le pratiquent d'une autre manière, sur une si grande échelle, que la teneur en savon en est, dans quelques-uns de leurs produits, tellement diminuée, que c'est à peine si ces produits méritent encore le nom de savon.

5° Le marbrage.

On entend par marbrage, la création des dessins semblables à ceux du marbre, et que l'on est habitué à voir sur certaines sortes de savons. Ces dessins proviennent de ce que l'acide stéarique et le palmitinate de soude cristallisent, lors d'un refroidissement lent du savon, en alternant avec des couches de sels gras de soude qui sont beaucoup plus transparents.

La plupart des matières colorantes présentes dans le savon se déposent dans ces sels de soude et donnent l'apparence marbrée.

Le marbrage peut donc s'obtenir par un refroidissement lent du savon ; mais ce marbrage naturel est trop faible pour la plupart des genres de savons, et beaucoup de fabricants le renforcent par une addition de sulfate de fer pendant la cuisson. La lessive précipite du sulfate de l'oxyde de fer qui donne un marbrage gris-bleu, passant après quelque temps à une teinte rougeâtre, produite par la transformation de l'oxyde en hydroxyde.

Le marbrage naturel provient aussi de la présence de composés ferrugineux, tels que d'oxydes de fer (savon ferrugineux) et du sulfure de fer. Les composés ferrugineux se trouvent ou bien déjà mélangés à la lessive sous forme d'impuretés, ou bien y sont introduits par les ustensiles en fer dont on fait usage. Beaucoup de fabricants produisent le marbrage en ajoutant vers la fin de la cuisson du noir de vigne (40 ou 80 grammes pour 1,000 kilogrammes de savon) pour obtenir un *marbrage gris* et du bolus rouge (100 à 150 grammes pour 1,000 kilogrammes de savon) pour obtenir un *marbrage rouge*.

Nous venons de décrire d'une manière générale les opérations en usage dans la fabrication des savons ; mais ainsi que nous l'avons dit, il se présente lors de la fabrication des divers genres de savons, ainsi que suivant l'emploi des diverses sortes de graisses, certaines modifications dans la manipulation, sur la description desquelles nous reviendrons en parlant de chaque genre de savon en particulier.

Depuis que la savonnerie (du moins lorsqu'on fabrique en grand n'emploie presque plus que des lessives de soude et beaucoup plus concentrées qu'autrefois et depuis que la saponification par la vapeur s'implante, de plus en plus, on a apporté dans la fabrication de presque chaque espèce de savon des modifications importantes et très essentielles sur lesquelles nous aurons l'occasion de revenir.

VII. — CLASSIFICATION DES SAVONS.

On peut diviser les savons en deux grands groupes, suivant leur nature et qui se distinguent l'un de l'autre, tant par leurs qualités physiques que par leurs propriétés chimiques.

Ce sont les savons durs et les savons mous.

Les premiers se distinguent par leur assez grande dureté qu'ils conservent même lorsque leur teneur en eau est importante. Tout au contraire, les savons mous conservent la consistance molle du beurre, lors même que leur teneur en eau serait faible.

1° *Savons durs.*

Les savons durs sont toujours des savons à la soude, produits soit par salaison d'un savon à la potasse, soit par saponification directe avec une lessive de soude. On distingue dans les savons durs deux espèces : A les savons granulés et B les savons gélatineux...

A. — Savons granulés.

Savons granulés proprement dits. On désigne sous ce nom tous les savons dont on a séparé l'eau en excédent et la glycérine au moyen du salage.

Les *savons raffinés ou mouillés* sont des savons granulés recuits une *seconde fois* avec une lessive faible ou même avec de l'eau ; ils contiennent davantage d'eau et sont à cause de cela même, à l'ordinaire plus tendres et plus transparents que les précédents.

B. — Savons gélatineux.

Ces savons sont préparés en laissant solidifier le savon cuit, c'est-à-dire la masse savonneuse. *Ils contiennent tous de la glycérine qui entrait dans la composition des graisses employées,* ainsi que l'eau ajoutée à la lessive. Leur teneur en eau est toujours très forte (40 pour cent) et s'élève même à 75 % pour quelques-uns d'entre eux. Malgré cette énorme quantité d'eau, quelques-uns de ces savons possèdent encore une assez grande dureté.

On distingue, suivant la nature des graisses employées, les principales espèces de savons suivantes, que nous nommons suivant le rang qu'ils occupent proportionnellement à leur production : *savons granulés,* savons de suif, *savons d'huile* (savons de Venise, de Marseille), savons d'oléine (savons d'acide oléique), *savons d'huile de palme, savons de cire,* (fabriqués avec diverses sortes de graisses), *savons de résine, savons de gélatine, savons de coco, savons suisses, savons de déchets de suif, savons résineux transparents, savons d'orange.* Nous pouvons aussi ranger ici les savons spéciaux que l'on désigne sous le nom de *savons de verre soluble* et *savons à détacher.*

Les *savons médicinaux* et en particulier ces produits très fins que nous connaissons sous la dénomination de *savons parfumés* ou *savons de toilette,* auxquels il faut joindre *la pâte à raser* et une partie des *pommades régénératrices des cheveux,* forment une branche tout à fait à part de la savonnerie et en même temps de la parfumerie.

2° *Savons mous.*

Ces savons semi-solides, consistance semblable au beurre, sont presque toujours des savons à la potasse, fabriqués avec de l'huile, de l'acide oléique, l'huile de baleine, l'huile de palmier, de la résine, etc.

Ce sont des savons de qualités ordinaires, contenant pour la plupart beaucoup d'alcali libre et qui sont employés dans beaucoup d'endroits pour nettoyer le linge grossier ainsi que dans les blanchisseries, etc. Quelques-uns d'entre eux, par exemple les savons d'argent, les savons granulés naturels, etc., sont aussi employés pour la toilette.

Ainsi que nous l'avons déjà dit, tous les savons à la potasse sont de fait des savons de consistance molle et le resteraient même en employant le suif le plus pur, si l'on voulait fabriquer avec de la lessive de cendres (contenant du carbonate de potasse) sans opérer de salage.

Ce n'est que par l'opération du salage que le savon mou à la potasse obtenu par la cuisson est transformé en savon dur à la soude.

VIII. — FABRICATION DES DIVERSES SORTES DE SAVONS.

1° *Savons durs.*

A. — Savons granulés.

Savons granulés au suif.

Le suif (de bœuf ou de mouton) ne se saponifie que *difficilement par des lessives concentrées*. La saponification se fait beaucoup plus facilement lorsqu'on chauffe premièrement le suif avec une lessive faible d'une densité de 1,072 à 1,088 (10 à 12° Baumé). Nous recommandons fortement, d'après notre propre expérience, de faire passer le suif à l'*état globulaire* avant de commencer la saponification. Cet état globulaire s'obtient en chauffant la graisse avec de l'eau à 45 degrés centigrades environ, contenant en solution 4—9 % de savon et en mélangeant les liquides. La graisse se réduit alors très rapidement en petites gouttes présentant une très grande surface à l'action de la lessive; la saponification est ainsi conduite rapidement et par une température plus basse que cela n'a lieu autrement. En ce qui concerne la lessive, il faut aussi remarquer qu'il faut autant que possible employer des lessives *exemptes de sel de cuisine*, parce que la présence de ce sel nuit aussi à la saponification.

Le mieux est de charger d'abord dans la chaudière environ le *quart* de la lessive nécessaire à la saponification complète, de porter à l'ébullition et d'ajouter au liquide bouillant la *totalité du suif*.

Si la lessive a été bien préparée, la graisse se combine immédiatement avec elle en formant un *liquide laiteux* qui, au fur et à mesure que la masse savonneuse se forme, devient plus *opale*, d'une couleur plus claire et d'une consistance *plus épaisse*.

Il se forme toujours au commencement de l'opération, à la surface du liquide, une écume abondante qui diminue ensuite; son entière disparition indique généralement que la formation de la masse savonneuse est terminée; cette masse doit former un liquide *homogène* qui doit rester adhèrent en couche épaisse à la spatule qu'on y plonge, et s'écouler lentement en fils minces et brillants.

Nous recommandons, pour les savons de suif, l'emploi de *deux lessives de concentrations différentes*; on commence par la plus faible qui sert aussi à produire l'état globulaire, et l'on ajoute, environ une demi-heure plus tard, la seconde lessive plus concentrée qui doit avoir 15 à 18 degrés Baumé, soit une densité de 1,113 à 1,133.

Cependant l'opération n'est conduite avec le résultat que nous venons d'indiquer, que si lessive et suif sont mélangés en proportions exactes. La lessive peut avoir deux *défauts :* elle peut être *trop concentrée* ou, au contraire, *trop faible.*

La présence d'une lessive trop forte se reconnaît en ce que la graisse et la lessive ne se *mélangent pas* et en ce que la lessive, située en dessous de la graisse, traverse cette dernière par place et par secousses avec un violent dégagement de vapeur et, en outre, à la surface, sans cependant *saponifier la graisse.*

On obvie à cet inconvénient de la manière la plus simple en ajoutant assez d'eau à la lessive pour la ramener au degré de concentration voulu. Une lessive trop faible empêche aussi la combinaison de la graisse et de la lessive ; il peut arriver que l'on ait réellement une lessive caustique, mais trop faible, ou que l'on travaille avec une lessive trop ancienne conservée avec trop de soins et qui, *en absorbant de l'acide carbonique,* a perdu ses *qualités caustiques.*

On reconnaît facilement ces lessives à l'*effervescence* qui *se produit lorsqu'on les met en présence d'un acide.*

Il existe encore, ainsi que nous l'avons fait remarquer dans la description générale de la saponification, deux autres inconvénients qu'il faut éviter et que l'on reconnaît par l'essai de la plaque de verre : la graisse ou la lessive sont en *trop faible quantité* et l'on y remédie en ajoutant peu à peu la graisse ou la lessive. Lorsque la formation de la masse savonneuse est terminée et que la goutte de savon se présente d'une manière parfaitement égale sur la feuille de verre, et s'en sépare aisément, on passe à l'opération du *salage*.

Le salage se fait avec du sel de cuisine, ou bien, ce qui a fréquemment lieu actuellement, avec une lessive concentrée de soude caustique. Lorsque la saponification a été faite au moyen d'une lessive de potasse, la lessive mère contient du chlorure de potassium et peut être *employée à nouveau* pour saler. Car le chlorure de sodium n'est pas le seul qui possède la propriété de *séparer le savon de ses solutions*, mais d'autres chlorures produisent aussi le même résultat. Il est clair que le salage ne produit pas la séparation du savon d'une manière immédiate, mais seulement après *la solution complète du sel*.

Ce dernier se dissolvant peu à peu, la séparation du savon nécessite naturellement un certain temps.

La masse savonneuse ne se transforme que peu à peu en une masse floconneuse blanche de petits morceaux de savon nageant dans la lessive mère limpide. On reconnaît que *le salage est achevé* à ce que le savon se *forme en plaques*, c'est-à-dire qu'il se sépare à la surface en morceaux plats par la vapeur qui se dégage.

Si l'on a bien calculé la quantité de sel nécessaire au salage, ainsi que la quantité de lessive destinée à la saponification, la lessive mère doit avoir un goût de chlorure de potassium *amer* et *rafraichissant*; un goût piquant (caustique et brûlant) est l'indice d'un excès de lessive caustique. Un goût *purement salé* révèle une *trop grande quantité de sel*. Ce dernier cas se présente surtout dans les pays qui ont le monopole du sel et dans lesquels il est permis de l'extraire à nouveau par évaporation des lessives mères, et cet excédent constitue une grande faute de manipulation et une perte directe en argent.

Le salage terminé, on laisse éteindre le feu, ou si l'on fabrique à la vapeur, on arrête celle-ci, puis l'on abandonne le contenu de la chaudière pendant quelques heures au repos, *jusqu'à complète séparation du savon de sa lessive mère*.

On élimine celle-ci au moyen du tuyau fixé au fond de la chaudière, ou s'il n'en existe pas, au moyen d'une pompe portative placée dans la chaudière. On a à peu près partout renoncé à puiser le savon, puis à enlever la lessive mère, et enfin à remettre de nouveau le savon dans la chaudière, ainsi que cela se pratiquait par suite de la dépense de forces qui résultait de ces opérations successives.

La clarification, telle qu'on la pratique aujourd'hui, a pour but d'achever la saponification restée incomplète.

On ajoute peu à peu au savon, par petites portions,

une lessive d'une densité moyenne de 1,138 à 1,157 (18 à 20° Baumé). Au commencement de la cuisson, le savon produit encore beaucoup d'écume et la fin de l'opération s'annonce par la disparition de cette écume, ainsi que par la formation de grandes plaques. La *saponification est terminée* lorsqu'une portion prise à l'essai a *de la pression*, c'est-à-dire lorsqu'en refroidissant et pressée entre les doigts, elle ne forme plus une masse visqueuse, mais une substance *feuilletée, élastique et sèche.*

Tant que le savon n'a pas de pression et qu'il offre une consistance visqueuse, onctueuse, il existe encore *de la graisse non saponifiée*, et ce défaut doit être corrigé par l'addition de graisse et par une nouvelle clarification.

On peut alors considérer le savon comme terminé, et il ne reste plus qu'à le laisser solidifier dans des formes.

Toutefois, lorsqu'on emploie, soit des matières premières, telles que *de la graisse*, soit des lessives très impures, le savon sera trop *foncé* ; il faudra dans ce cas éliminer la lessive mère et traiter le savon avec de nouvelles quantités de lessive faible ou seulement avec de l'eau, si la saponification était complète. En d'autres termes, il faudra traiter le savon sur la 2ᵉ, 3ᵉ ou 4° eau, ainsi qu'il a déjà été dit plus haut.

Lorsqu'on a employé des matières premières de bonne qualité et que les dimensions de la chaudière sont suffisantes pour empêcher, pendant la clarification, que la masse visqueuse ne *monte*, on peut simplifier l'opération en poussant activement le feu après le salage, *sans enlever préalablement la lessive mère* et en faisant suivre immédiatement aux opérations de la saponification et du salage celle de la clarification, c'est-à-dire en effectuant la fabrication du savon sans aucun arrêt jusqu'à l'opération du refroidissement.

S'agit-il de fabriquer un savon granulé qui ne doive être ni *dur*, ni *difficilement soluble*, on lui fait subir l'opération de l'affinage ou du mouillage, ainsi que nous l'avons déjà mentionné dans notre chapitre sur la saponification en général.

L'augmentation de poids obtenue par l'affinage ou le mouillage se pratique dans beaucoup de cas bien moins à cause du bénéfice qui en résulte que pour obtenir un beau marbrage, car ce dernier est considéré par beaucoup de consommateurs comme une marque de la bonne qualité d'un savon sans qu'en réalité il ait une influence spéciale sur cette qualité.

Le *marbrage du savon* ne peut se faire que si le savon contient une *quantité déterminée d'eau* qui lui est donnée par l'*affinage*. Un savon trop anhydre se prend toujours en une masse uniforme, grise ou blanche et couenneuse. Mais lorsque le savon est suffisamment hydraté, son refroidissement a lieu assez lentement pour que la séparation dont nous avons parlé plus haut, des sels des acides stéariques et palmitiques (et leur cristallisation) des sels des acides gras ait lieu ; on obtient alors le *marbrage*, aussi naturellement qu'en ajoutant des matières colorantes.

Au lieu de marbrer un savon, on le transforme parfois en *savon aux amandes ou aux fleurs*, après la clarification et sans l'affiner. On introduit, dans ce but, le savon dans des formes et l'on passe au travers de toute la masse, et dans le sens de sa longueur, un bâton de l'épaisseur d'un doigt. Ce bâton est ensuite ramené à l'autre bout de la masse, de façon à former une strie parallèle à la première, ainsi de suite jusqu'à ce que la masse ait été traversée entièrement de stries peu distantes les unes des autres. On procède alors de la même façon dans le sens de la largeur.

Le savon présente après son refroidissement, et à la suite de cette opération, des bandes parallèles foncées tranchant sur un fond plus clair ; c'est ce que l'on appelle les *amandes* et, dans certaines contrées, les *fleurs*.

Lorsque le claircissage a été poussé trop loin, la masse du savon devient si épaisse, que la formation des amandes n'est plus possible ; on donne dans ce cas à la masse la consistance voulue en y ajoutant avec précaution *de l'eau* ou *une lessive très faible*, et l'on remue immédiatement.

Dans beaucoup de cas on ne veut pas du savon

dit *aux amandes*; mais l'on cherche plutôt à obtenir une masse blanche aussi homogène que possible que l'on nomme :

Savon décoloré ou savon granulé blanc.

Ce savon que l'on fabrique, lorsqu'on désire séparer autant que possible les matières colorantes, en l'affinant aussi peu consistant que possible et en abandonnant la masse liquide pendant plusieurs heures à elle-même.

Il faut pour cela que le feu soit éteint ou la vapeur arrêtée, afin d'éviter tout mouvement dans le liquide. Les matières colorantes d'un poids spécifique plus élevé, se précipitent au fond de la chaudière en y formant une couche de savon très colorée que l'on peut avec avantage utiliser pour marbrer. Au-dessus de cette couche foncée surnage une autre presque incolore très hydratée qui, versée avec des cuillères en cuivre dans des moules, se prend en une masse uniformément blanche.

Tout le monde sait qu'un savon granulé blanc est moins riche qu'un savon marbré, c'est-à-dire qu'il contient moins de savon proprement dit. C'est pourquoi l'on préfère, dans le commerce, les savons marbrés. On parvient du reste à donner une apparence marbrée aux savons gélatineux qui sont beaucoup plus riches en eau. Nous reviendrons sur cet artifice en parlant de ces derniers savons.

La masse de savon obtenue, ainsi que nous venons de le décrire par la saponification de la graisse, diffère suivant que l'on a affiné, cuit à blanc ou brassé le savon. On peut en général admettre que 1,000 kilogrammes de suif donnent 1,500 à 1,550 kilogrammes de savon granulé à l'amande, 1,600 à 1,625 kilogrammes de savon affiné marbré et 1,700 à 1,800 kilogrammes de savon granulé blanc.

La saponification du savon granulé à la lessive de potasse (lessive de cendres) est encore passablement en usage dans les petites fabriques; le procédé employé ressemble en général à celui que nous avons décrit : *on sale lorsque la moitié de la lessive nécessaire a été employée.* Le savon à la soude qui se produit est plus liquide que celui à la potasse.

On ajoute, après avoir éliminé la lessive mère la deuxième portion de lessive, on cuit quelque temps, on sale à nouveau et dans la plupart des cas on passe à la troisième et quatrième eau pour passer enfin à la clarification. La quantité totale de sel nécessaire à toutes ces opérations s'élève à 120, 150 et même 160 kilogrammes par 1,000 kilogrammes de suif. Quant à la quantité d'alcali employée pour saponifier 100 parties en poids de suif, nous renvoyons aux tableaux de saponification qui se trouvent à la fin du chapitre de la saponification du savon proprement dite.

Savons à l'huile, savons de Venise ou de Marseille.
On fabrique à Venise, Gênes, mais particulière-

ment à Marseille et depuis quelque temps aussi à Paris, des savons avec de l'huile d'olives et de la lessive de soude. La grande vogue dont jouirent ces savons augmenta leur consommation à tel point que la récolte d'huile d'olives ne suffit plus à leur fabrication. On additionne ordinairement l'huile d'olives d'une forte quantité d'huile de graines de coton, d'huile de sésame, de navette et tout particulièrement d'huile de noix ainsi que de petites quantités de suif ou de saindoux.

Le siège principal de cette fabrication est situé à proximité du siège principal de l'industrie, des huiles, c'est-à-dire Marseille ; cependant l'Espagne (savon de Castille) la Sicile et la Corse produisent aussi des savons semblables.

En Allemagne, la fabrication du véritable savon de Marseille n'est pas avantageuse par suite du prix élevé qu'atteint l'huile d'olives dans ce pays. L'on y emploie qu'une très faible quantité d'huile d'olives pour la fabrication des savons dits de Marseille.

Il va de soi que l'on utilise que de l'huile d'olives qui ne peut être employée pour la cuisine. Nous allons décrire le procédé de fabrication tel qu'il est en usage dans les grandes fabriques marseillaises.

On se sert pour la saponification de très grandes chaudières en fer à couvercle également en fer, mais qui ne varient que par leurs dimensions et non point par la forme des chaudières en usage dans d'autres fabriques. Le fond de ces chaudières mesure en général 1^m,25 à 1^m,50 de diamètre ; elles ont à hauteur du couvercle 2^m,50 à 3 mètres de diamètre et 3^m,50 à 4 mètres de hauteur. Leur capacité est d'ordinaire de 10 à 12 mètres cubes et l'on peut, en une seule cuisson y saponifier 2,400 à 2,600 kilogrammes d'huile. Ces chaudières sont construites en forte tôle et leur couvercle, en général, en tôle plus faible. Tous les joints sont rivés à chaud et les réparations se font également par rivure de feuilles de tôle sur les parties endommagées. On entoure le couvercle, qui est à jeu libre, d'un manteau en bois afin d'y maintenir la chaleur. Dans beaucoup de fabriques on donne aux chaudières la forme d'un cône tronqué élargi dans le haut, à leur fond celle d'une demi-sphère, dont la partie convexe est tournée vers le haut. Les dimensions de ces chaudières varient beaucoup suivant l'importance des fabriques, et dans quelques - unes d'entre elles on peut saponifier jusqu'à 6,500 kilogrammes d'huile à la fois.

La plupart des fabricants marseillais emploient actuellement des chaudières dans lesquelles ils peuvent travailler environ 2,000 kilogrammes de matières grasses en une seule cuite, et c'est la quantité que nous adopterons pour une cuite ; les chiffres indiqués plus loin se rapportent donc tous à une quantité de 2,000 kilogrammes d'huile à saponifier.

Les fabricants marseillais travaillent avec la soude ordinaire du commerce depuis que le procédé Leblanc est employé d'une manière universelle pour la fabrication de la soude. Ils faisaient autrefois usage de la soude brute tirée des cendres d'algues et de plantes marines, mais fortement mélangée à des sels étrangers.

On amène l'huile (2,000 kilos), dans la chaudière puis on y ajoute environ 500 à 550 litres *d'une très faible* lessive de soude caustique (d'une densité d'environ 1,014 à 1,064, soit 6 à 9° Baumé). Cette addition de lessive se *fait à froid*, puis l'on mélange les liquides en *les brassant avec précaution;* l'huile et la lessive forment alors une sorte *d'émulsion* qui accélère de beaucoup la saponification. On porte petit à petit, pendant le brassage, le *mélange à l'ébullition,* puis lorsqu'il bout on y ajoute une nouvelle quantité de *lessive concentrée.*

L'addition de la lessive s'opère suivant un procédé spécial ; l'expérience a démontré qu'il faut 5,000 k. de lessive d'une densité de 1,157, soit de 20 degrés Baumé pour obtenir une complète saponification. Or on n'introduit dans la chaudière cette quantité de lessive que par *toutes petites portions* de 100 litres chaque et l'on continue la *cuisson* chaque fois, jusqu'à ce que le contenu de la chaudière *commence à monter.* On ajoute de la lessive jusqu'à ce que la masse savonneuse donne même après uune cuisson prolongée, une *réaction alcaline* très distincte. La masse savonneuse obtenue lors de la fabrication du savon de Marseille, n'est jamais complètement claire, parce que l'on n'emploie pas de lessives complètement caustiques, mais qu'on les maintient toujours *faiblement carbonatées*.

La masse savonneuse une fois terminée, on laisse reposer le savon pendant la nuit, puis on soutire la lessive mère et l'on procède au salage.

Le salage se fait avec une lessive qui ne contient qu'une minime quantité de soude caustique, mais beaucoup de sel de cuisine; sa densité est d'environ 10 degrés Baumé. On en emploie environ 1,000 kilogrammes.

La soude caustique contenue dans la lessive à saler, sert à saponifier d'une manière certaine et complète la *graisse* qui pourrait encore se trouver mélangée. Par la cuisson prolongée avec la lessive salée, le savon se prend en grumeaux mous qui sont du *savon granulé à l'huile*. On dissout parfois à nouveau ce savon pour le passer à un second salage. Au lieu de cette clarification, on laisse aussi reposer une demi-journée le savon salé et on le soumet à l'opération de l'*affinage* ou du *mouillage*. On fond le savon séparé de la lessive salée en le mélangeant avec une quantité de 600 à 750 litres de la lessive faible que l'on a employée au début de la saponification, puis, en remuant continuel-

lement le savon fondu, de préférence au moyen
d'un mélangeur mécanique, on y ajoute par portions, jusqu'à 5,000 litres de lessive, les dernières
fractions de lessive devenant de plus en plus étendues d'eau, de façon à ne plus présenter qu'une
densité de 1,014 (2 degrés Baumé).

Le savon forme, au début de l'opération *de l'affinage*, de grandes plaques, puis devient bientôt liquide et ne se sépare plus de la lessive par refroidissement.

Lorsque toute la lessive nécessaire à l'affinage a
été versée dans la chaudière et que le savon possède les qualités détaillées plus haut (c'est-à-dire
lorsqu'il forme en refroidissant une masse homogène dont il ne se sépare plus aucune lessive), on
peut admettre que l'affinage est terminé et l'on n'a
plus qu'à *mouler le savon*.

On laisse reposer le savon pendant deux jours
pleins dans la chaudière couverte (il reste pendant
tout ce temps à l'état parfaitement liquide), puis
on enlève l'écume qui surnage à la surface. Cette
écume a une épaisseur qui varie de 10 à 12 et même
30 centimètres. Le savon recouvert par cette écume
forme une masse d'un grain très égal et d'une couleur variant du *vert olivâtre foncé* au noirâtre, due
à la présence d'oléate d'oxyde de fer.

On transvase ce savon au moyen de cuillères en
cuivre dans des moules en pierre très allongés et
très larges, mais très plats. Leurs dimensions sont

ordinairement les suivantes : largeur 2 mètres, longueur 5 mètres, hauteur 0ᵐ,2 à 0ᵐ,3. Bien que le *savon vert* constitue la majeure partie de la masse obtenue en savon, 2,000 kilogrammes d'huile d'olives produisent en tout environ 3,000 kilogrammes de savon, dont 2,400 kilogrammes de *savon vert*, on trouve en dessous de celui-ci une *masse savonneuse jaune* formant 20 0/0 environ de la masse entière de savon; on porte cette masse jaune à l'ébullition, on la sale et on la transforme en savon grenu, tandis que laissée à elle-même, cette masse savonneuse ne prend en refroidissant qu'une consistance qui se rapproche de celle des savons mous.

On utilise ce savon granulé comme savon marbré à marbrage bleuâtre. On donne au savon à l'huile véritable un joli marbrage artificiel en y mélangeant une solution de sulfate de fer en poudre. Le marbrage, d'abord bleu, devient plus tard couleur rouille par la transformation au contact de l'air de l'oxyde verdâtre sur l'oxyde jaune.

Les savons dits *espagnols* ou de *Castille* sont des savons à l'huile fabriqués de la même manière, mais auxquels, lors de la première cuite, on a ajouté une assez forte quantité de sulfate de fer (2 à 5 millimètres). Le marbrage de ces savons est d'un gris vert foncé sur ses coupures fraîches et devient rapidement couleur rouille sur les faces exposées à l'air.

Ainsi qu'il a été dit, le prix de l'huile d'olives est trop élevé dans les régions éloignées de la Méditerranée, pour qu'on puisse fabriquer le vrai savon de Marseille. Les savons de cette espèce qu'on fabrique dans le nord de la France et de l'Europe, du reste semblables par leur aspect au véritable savon de Marseille, sont une combinaison de plusieurs matières grasses et, parmi ces combinaisons nous recommandons l'emploi de celles qui contiennent de l'huile de palme et de l'huile de noix, parce que ces deux huiles forment un savon *qui se rapproche beaucoup du savon d'huile d'olives*, même *au point de vue de la composition chimique*. Nous détaillons ci-après quelques combinaisons de matières grasses, fréquemment employées, pour la fabrication des savons imitation de Marseille et qui donnent de très bons résultats :

A	Huile d'olives.....	600	kilogrammes
	Huile de noix......	600	»
	Suif épuré........	800	»
B	Huile d'olives....	600	»
	Huile de noix	800	»
	Lard (graisse)....	600	»
C	Huile d'olives	400	»
	Huile de noix de coco	400	»
	Graisse de porc...	800	»
	Suif épuré.......	400	»
D	Huile de palme....	1000	»
	Huile de sésame...	600	»
	Suif..........	400	»

On peut aussi remplacer l'huile de noix par la même propotion d'huile de pavots.

Les opérations sont en général les mêmes que celles qui sont en usage pour la préparation du véritable savon de Marseille; cependant on s'écarte de ce mode de fabrication pour la combinaison C, en ce que la saponification de *l'huile de coco* se fait séparément et qu'on ne la mélange aux autres sortes de matières grasses qu'après leur complète saponification.

On peut d'après leurs propriétés, ranger au nombre des savons à l'huile les savons de *Debreczin* et de *Szegedin,* fabriqués en Hongrie, seulement avec du saindoux et de la graisse. Les dernières surtout, se distinguent par leur grande teneur en eau et par conséquent par la propriété qu'ils ont de mousser beaucoup.

Savons à l'acide oléique.

Le savon à *l'oléine,* ou *savon dur à l'oléine,* est chimiquement parlant un *oléate de soude.*

Depuis que la fabrication des bougies se fait en grand, on transforme en savon une grande quantité d'acide oléique qui forme un sous-produit de la fabrication des bougies. En sa qualité d'*acide libre,* l'acide oléique décompose directement les *carbonates alcalins.* L'emploi de lessives caustiques n'est donc pas nécessaire et l'on peut faire agir directement le carbonate de potasse sec. L'emploi des carbonates alcalins nécessitant certaines mesures de prudence pendant le cours de la saponification, beaucoup de fabricants préfèrent saponifier suivant la méthode ordinaire, c'est-à-dire avec une lessive caustique de soude. Cependant on ne peut nier que la saponification par le carbonate de soude n'épargne beaucoup de main-d'œuvre.

Nous décrirons donc cette dernière méthode telle que nous l'employons depuis longtemps avec avantage.

a) Savon à l'oléine, fabriqué avec le carbonate de soude

Employant du carbonate de soude du commerce, on obtient un savon à l'oléine contenant toute l'eau de cristallisation des cristaux de soude, par conséquent, une trop forte quantité d'eau. On divise, pour cette raison, la *soude en deux parts* et l'on *chauffe une de ces portions* dans des vases plats en fer; la soude *fond à l'état de soude hydraté*, cède la plus grande partie de son eau de cristallisation en produisant une écume abondante et se transforme en soude *calcinée anhydre*. Les fabriques de soude expédient actuellement très souvent le carbonate de soude à l'état déjà anhydre et calciné, ce qui présente un grand avantage; les frais de transport sont ainsi de beaucoup moindres car en faisant venir la soude cristallisée, toute la grande quantité inutile d'eau qu'elle contient paye également le port. Pour obtenir de la soude cristallisée, il suffit de dissoudre la soude calcinée dans de l'eau.

Il va de soi que l'emploi de la soude calcinée supprime complètement l'évaporation dans les fabriques de savon. La soude anhydre et la soude ordinaire sont réduites en poudre fine et mélangées à l'acide oléique. On chauffe cette dernière de préférence par la vapeur et l'on agite continuellement par un brassage (pour la fabrication de savon ordinaire, on ajoute aussi à l'acide oléique 5 à 6 % de résine de pin).

Le dégagement de l'*acide carbonique* commence aussitôt en *faisant fortement écumer* la masse visqueuse. Sitôt que l'écume a diminué on ajoute une nouvelle portion de soude, puis on continue à chauffer, ainsi de suite, jusqu'à épuisement complet de la quantité de soude. L'opération est terminée lorsque la masse savonneuse se comporte bien à l'essai de la feuille de verre et l'on verse immédiatement le savon dans les moules pour l'y laisser solidifier. La formation de l'écume nécessite pour ce savon l'emploi d'un couvercle profond sur la chaudière.

b) Savon à l'oléine, par l'emploi de la soude caustique.

Beaucoup de fabricants préfèrent employer la soude caustique à cause de la grande quantité d'écume qui se forme sur l'acide oléique par l'emploi du carbonate de soude (l'acide oléique ne doit pas dépasser le tiers de la chaudière proprement dite).

On se sert d'une *lessive concentrée*, d'une densité de 1,157 à 1,205 (20 à 25° B.), dont on introduit immédiatement la moitié dans la chaudière; on porte cette première moitié à l'ébullition et l'on y ajoute, en remuant continuellement, l'acide oléique, la saponification se fait très rapidement. On ajoute l'autre moitié de la lessive par portions, jusqu'à ce que le savon commence à se séparer en grandes plaques. On ajoute ordinairement de la lessive jusqu'à ce que le savon donne une *réaction faiblement alcaline*. En poussant le feu, on peut, par évaporation de l'eau, provoquer la séparation du savon, mais on accélère ordinairement cette opération par addition d'un peu de sel. On laisse reposer le savon salé, jusqu'à ce qu'il se soit séparé de la lessive mère et que l'écume ait presque complètement disparu de sa surface. On verse ensuite le savon dans des moules en le remuant jusqu'à ce qu'il commence à se solidifier. Ce battage du savon est nécessaire pour mélanger intimement entre eux les divers savons qui se forment.

L'acide oléique produit un oléate de soude blanc qui surnage, un oléate d'oxyde de fer verdâtre qui occupe la zone du milieu, et enfin les composés d'un acide inconnu qui se rassemblent au fond et se solidifient en une masse gélatineuse.

Ces divers produits ne se mélangent pour former une masse uniforme qu'à la suite d'un passage prolongé jusqu'au commencement de leur solidification.

On a calculé qu'il faut, pour saponifier complètement 1,000 kilogrammes d'acide oléique, 517,5 kilogrammes de soude cristallisée. Mais cette dernière ne se trouvant jamais à l'état pur dans le commerce, on en emploie 540 à 560 kilogrammes, suivant la teneur en tant pour cent de la marchandise en carbonate de soude pur ; la moitié de la soude est transformée en soude anhydre par calcination ainsi que nous l'avons dit.

Lorsqu'on opère avec de la soude calcinée, il faut en diminuer la quantité employée proportionnellement à la quantité d'eau qui manque.

Dans les fabriques qui s'adonnent à la fabrication des bougies de stéarine, l'acide oléique qui en forme un sous-produit, est utilisé actuellement d'une manière générale pour la fabrication du savon. Les savons à l'acide oléique sortant de ces fabriques se distinguent généralement par un tel degré de pureté, qu'ils peuvent parfaitement servir de matière première pour la fabrication de savons de toilette, après avoir été au préalable purifiés par solution et par un salage.

Savon à l'huile de palme.

La majeure partie des savons à l'huile de palme, qui sont dans le commerce, se fabriquent en Angleterre, mais, par suite des faciles relations avec

les pays d'outre-mer, la production de ce savon a
pris pied en Allemagne, et une bonne partie des
savons fabriqués dans ce pays l'est soit totalement
soit partiellement avec de l'huile de palme. Lorsqu'on n'emploie pas l'huile de palme à l'état pur,
on l'additionne généralement d'acide oléique, avec
lequel la saponification s'opère facilement et rapidement; car l'*huile de palme* est elle-même composée
en majeure partie d'*acide gras libre*. On distingue
dans le commerce deux sortes de savon à l'huile de
palme : le *jaune* et le *blanc*. Le premier s'obtient
avec de l'huile de palme non blanchie, tandis que
pour la fabrication du second on emploie de la
graisse décolorée.

Le savon jaune à l'huile de palme garde aussi le
parfum *agréable* de l'huile de palme brute. Dans les
fabriques allemandes, on fabrique en général du
savon à l'huile de palme blanc en saponifiant avec
une lessive d'une saturation moyenne (d'une densité de 1,113 à 1,138, soit 15 à 18° B.), et en ajoutant, après la saponification, une lessive plus forte
(d'une densité de 1,157, soit 20° B.), jusqu'à ce que
le savon laisse sur la langue un *goût alcalin bien
distinct*.

En Angleterre, où la fabrication du savon se fait
sur un pied très grand, et par la vapeur, on emploie dès le début de l'opération des lessives fortes
d'une densité de 1,113 à 1,138 (20 à 25° B.).

Après avoir chauffé pendant plusieurs heures,

l'huile de palme mélangée à cette lessive, en remuant constamment, on obtient une masse savonneuse tout à fait homogène, que l'on maintient à l'état liquide pendant 12 à 18 heures, afin que toutes les impuretés qu'elle contient en suspension puissent se déposer ; on la coule ensuite dans des moules.

On ne procède au salage du savon granulé à l'huile de palme, que dans les cas seulement où l'on se sert de lessives faibles. En faisant usage de lessives concentrées, on peut s'abstenir complètement de saler le savon, qui se prend de lui-même, ayant une consistance suffisante. C'est ce dernier mode de procédé qui donne le *meilleur rendement en savon,* parce que la lessive mère et la glycérine sont en entier contenues dans le savon terminé.

Savon de cire (savon pâte).

Ce genre de savon, qui trouve un grand écoulement dans l'Allemagne du Nord, n'est jamais fabriqué avec une seule sorte de matière grasse ; on le produit toujours par saponification de plusieurs espèces de graisses. On emploie en général un mélange d'huile de palme, d'huile de coco et de suif, ou bien aussi d'huile de palmier, d'huile de coco et de suif, en proportions telles, que pour 100 parties en poids de suif, on emploie 12-15 parties d'huile de coco et 8-10 parties de graisse de palmier (huile de palme ou graines de palmier).

On saponifie d'abord le suif qui, de toutes les matières grasses employées, se décompose le plus difficilement; on sépare de sa lessive le savon granulé qui s'est formé, on ajoute les huiles de coco et de palme au savon terminé et l'on saponifie ces graisses en les chauffant avec une lessive de soude à 1,157 (20° Baumé).

La lessive doit être en faible excédent, de façon que le savon donne la réaction alcaline. Le savon terminé *n'est ensuite salé qu'en partie* : on n'emploie pour cela que 25 kilogrammes de sel environ pour chaque 1,000 kilogrammes de graisse. Le savon ne se prend alors pas complètement, mais forme seulement une forte gélatine dont les *couches supérieures sont complètement exemptes d'impuretés* et donnent après le moulage *un savon parfaitement blanc.*

Les portions plus foncées de la masse savonneuse qui se rassemblent dans le fond de la chaudière sont soumises au salage avec une plus grande quantité de sel et donnent encore un bon savon granulé, mais d'une couleur un *peu plus foncée que le précédent.*

Suivant que l'on enlève les parties supérieures du savon ou bien aussi une partie de la masse ou bien que l'on mette dans la forme aussi une partie de la masse plus impure, on obtient des quantités variables de savon parfaitement blanc et savon de seconde qualité.

En général, 1,000 kilogrammes de matières grasses

produisent 1,300 jusqu'à 1,400 kilogrammes de savon blanc et 150 à 250 kilogrammes de produits de seconde qualité.

Savons de résine.

La *résine pure* ne donne jamais que des savons *mous* et même *visqueux*, lorsqu'on les saponifie avec un sel de soude ; aussi ne peut-on utiliser la résine que comme *addition* aux matières grasses et sa quantité employée ne doit même pas dépasser 30 °/₀ si l'on veut obtenir un savon consistant. On saponifie généralement un mélange de suif, d'huile de palme, de résine, soit 600 à 700 kilogrammes de suif et 50 à 100 kilogrammes d'huile de palme et une quantité de résine variant entre 200 et 300 kilogrammes. Il est préférable, lorsqu'on procède de cette manière, de saponifier en *premier lieu le suif,* d'y ajouter de l'*huile de palme* et de *saponifier à nouveau ;* on transforme la résine à part en savon, on mélange ensuite le savon de résine avec les *savons de suif et d'huile de palme,* on cuit en remuant continuellement et jusqu'à ce que la masse devienne claire, puis on coule dans les moules. La consommation de savon de résine est en Europe relativement faible ; c'est l'Angleterre qui en produit la plus grande quantité. Les États-Unis de l'Amérique du Nord sont le centre principal de cette industrie ; la grande production en résine de ce pays est particulièrement favorable à cette fabrication.

En Allemagne, et principalement dans les contrées du Nord, la fabrication des savons de résine
a une grande extension, parce que la résine s'emploie avec avantage à la saponification de la *graisse
laine* obtenue par le dégraissage de la laine de
mouton.

Cette graisse possède la faculté de ne produire de
bons savons mousseux que lorsque on y ajoute
l'ordre de la saponification en une certaine quantité de résine ; on procède en saponifiant séparément la graisse de laine et la résine, en mélangeant
les masses savonneuses des deux savons, en clari-
fiant.

Par suite du bon marché de la matière première,
les savons de résine sont fréquemment employés à
titre d'adjonction à d'autres sortes de savons ; si
cette adjonction n'a point été indiquée lors de l'achat,
un mélange de ce genre doit être considéré comme
une tromperie de la part du vendeur, car les savons
de résine sont, en ce qui concerne la qualité, au
dessous des savons d'acides gras.

B) Savons gélatineux.

Ainsi que l'indique ce nom, ces savons sont généralement fabriqués en laissant *solidifier la masse
savonneuse* ; l'opération du salage, pour ces savons,
n'a lieu que rarement ; la raison pour laquelle on
modifie le procédé de fabrication pour ces savons
en supprimant le salage, consiste en ce qu'on em-

ploie généralement l'huile de coco ; mais le savon de coco a toujours la propriété de rester soluble dans les solutions étendues de sel de cuisine et de ne se séparer que par l'emploi de solutions salées très concentrées.

Mais lorsqu'on le sépare par ce moyen, il ne produit qu'un savon très *anhydre*, qui en outre qu'il est très *difficilement soluble*, possède une *dureté* telle, qu'il n'est presque pas possible de couper un morceau quelque peu gros.

On peut fabriquer de différentes manières tous les savons gélatineux contenant de l'huile de coco :

1° Par saponification à chaud (méthode usuelle) ;

2° Par procédé *dit par brassage* dans lequel la saponification a lieu *à basse température*, entre 70 et 80 degrés centigrades et pendant un brassage continuel, et enfin 3° par *saponification à froid*, opération dans laquelle on fond simplement la matière grasse en la *mélangeant avec la lessive*.

La fabrication de savon préparée par brassage et à froid, n'est rendue possible que parce que la graisse de coco est composée, en majeure partie d'acides libres et que ces derniers, sans nécessiter de décompositions chimiques, *s'unissent directement avec la soude de la lessive*. Un savon obtenu avec de l'huile de coco seulement, *se prend très rapidement dans le moule* en une masse blanche transparente, comme l'albâtre, qui tout en possédant une grande dureté, se dissout cependant facilement et possède en outre la propriété de se dissoudre dans de l'eau fortement salée; par suite de cette dernière propriété, il est employé d'une manière générale sur les vaisseaux et désigné, comme par exemple en Angleterre, sous le nom de *savon de marine* (marine soap).

Malheureusement, l'odeur désagréable de l'huile de coco, cause un grand tort aux qualités excellentes des savons de coco, en ce qu'elle se communique aux savons mêmes. Il faut toujours pour cette raison parfumer les qualités supérieures de savons de coco ou bien les mélanger à d'autres sortes. On arrive par ce dernier moyen à obtenir d'un côté un savon qui ne soit pas trop dur, et d'autre part, des savons à un certain degré de dureté, qui sans cela n'auraient qu'une très faible *consistance.*

Savons de coco par saponification à froid.

Pour fabriquer ces savons, il faut employer des *lessives caustiques très concentrées,* d'une densité de 1,324 à 1,375 soit 36 à 40 degrés Baumé. On obtient en employant une lessive de soude pure, un savon d'une grande dureté, ce qui n'est pas désirable; pour obtenir un savon d'une dureté moyenne et d'une belle tranparence, on ajoute 10 à 15 % de lessive de potasse à la lessive de soude; le mélange de savon dur à la soude et de savon mou à la potasse donne un produit de la dureté voulue.

Pour 2,000 kilogrammes de coco pur on emploie 1,000 kilogrammes de lessive composée de 850 ou 900 kilogrammes de lessive de soude et de 100 à 150 kilogrammes de lessive de potasse.

Il est avantageux de garder en réserve la lessive dans un récipient placé au-dessus du moule à savon et muni d'un robinet et de la lessive couler en minces filets dans la graisse que l'on a fait fondre dans une chaudière ou dans le moule lui-même. Si l'on fabrique à la vapeur, on remue en même temps continuellement la masse entière; la réaction commence immédiatement et la masse prend une consistance moins cuite. On y ajoute alors des parfums, et le cas échéant aussi des matières colorantes, et l'on remue jusqu'à ce que la masse devienne trop épaisse pour que l'on puisse continuer à brasser. On couvre en ce moment le moule avec soin afin d'empêcher un refroidissement, après quelques heures, l'huile de coco et la lessive agissent énergiquement l'une sur l'autre ; par suite de la réaction chimique la masse entière s'*échauffe en prenant une plus grande consistance et une couleur plus claire*; son goût fortement caustique diminue d'intensité et la combinaison de la graisse avec l'alcali est alors terminée; il ne reste plus qu'à enlever les étoffes et les planches qui recouvrent les moules et à laisser solidifier le savon.

(2) Savon de coco par brassage.

La fabrication de ce savon se fait très rapidement, le mieux est d'employer pour cela une chaudière chauffée à la vapeur et pourvue d'un mélangeur mécanique; on fond la graisse de coco, on la chauffe de 80 à 90 degrés centigrades, puis on y laisse une lessive d'une densité de 1,205 à 1,256, soit de 25 à 30 degrés Baumé en continuant sans arrêter le brassage. On continue celui-ci jusqu'à ce que la masse, qui pendant cette opération a pris une consistance épaisse, devienne moins dense et en même temps transparente; on la verse alors immédiatement dans les moules dans lesquels elle se solidifie très rapidement.

Ainsi que nous l'avons dit, tous les savons de coco ont un *degré de dureté très élevé*, qui persiste même lorsqu'on les mélange en forte quantité avec des savons mous, tels que savons de déchets de suif et savons de graisse d'os, et lorsqu'on les additionne d'une quantité d'eau (affinage ou mouillage), qui peut atteindre jusqu'à 75%. Les savons de coco conviennent par conséquent tout particulièrement pour donner de la valeur aux graisses bon marché et pour fabriquer des savons d'une apparence agréable, que l'on peut livrer au commerce à de *très bas prix*, précisément à cause de la grande teneur en eau. A cause de cela, ces savons de coco perdent en restant en magasin une bonne partie de leur eau ainsi que l'apparence lisse de leur surface et *diminuent de volume*. *Le mouillage ou l'affinage* des savons de coco se produit en ajoutant au savon terminé, avant qu'il ne solidifie, une certaine quantité d'eau ou d'une solution de sel de cuisine.

Il faut du reste remarquer ici que l'on a recours aux moyens les plus singuliers pour augmenter le poids des savons de coco et que l'on y ajoute de l'eau, de l'amidon, de la colle, du sable, de l'argile, de la craie, etc. Le *verre soluble* (silicate de soude) convient parfaitement au salage du savon à cause de ses propriétés alcalines; il lui communique une belle transparence et l'on peut en ajouter jusqu'à 60 %. Mais si l'on ajoute une trop grande quantité de silicate de soude, la masse entière de savon devient *vitreuse, dure et pareille au verre*.

Savon au silicate de soude (*Silica soap — savon silice*).

Ce savon se fabrique par mélange d'une solution de silicate de soude avec du savon de coco; le silicate nécessaire se prépare de la manière suivante : on cuit de la pierre à fusil réduite en poudre, en refroidissant des pierres à fusil chauffées au rouge dans de l'eau froide et en les passant à la meule, avec une lessive de soude très concentrée; on continue la cuisson jusqu'à ce qu'on obtienne un liquide de la consistance de miel coulant et d'une densité d'environ 1,45 soit 45 degrés Baumé. Cette solution est ajoutée en proportion de 20 à 40 à un savon de coco fraîchement préparé, puis mélangé intimement avec lui et remuée jusqu'à ce que la combinaison du savon avec le silicate de soude se révèle par la solidification de la masse entière. Le silicate de soude se prête très bien au mouillage de savon de coco à cause de ses qualités acalines ainsi que par la propriété qu'il possède de former avec l'eau des solutions fortement mousseuses.

Les savons mouillés au moyen de silicate de soude prennent à la surface une apparence vitreuse produite par l'affluence de l'acide carbonique contenu dans l'air qui sépare l'acide silicique du silicate de soude.

Cet acide silicique enveloppe le morceau de savon d'une sorte de vernis et agit favorablement, en ce sens que le rétrécissement de savons très hydratés est évité même lorsque ces derniers restent longtemps en magasin.

Le silicate de soude étant un article de commerce, ne se fabrique guère dans la savonnerie même.

Savon de coco préparé à chaud.

Cette sorte de savon nommé aussi *savon granulé artificiel, savon suisse* ou *savon Eschweg,* n'est jamais fabriqué avec de l'huile de coco pure, mais avec un mélange de diverses graisses, telles que suif, huile de palme, huile de coco en proportions variables.

Plus la proportion d'huile de coco est grande, plus le savon gagne en dureté. On emploie 500 et 600, et même 1,000 kilos d'huile de coco par 1,000 kilos de suif, et toujours des lessives concentrées d'une densité d'au moins 1,212, soit de 25 degrés B. Certains fa-

bricants mélangent aussi à la lessive de soude, 10
à 30 pour cent de lessive de potasse, afin de donner au savon une dureté moins grande.

Le savon d'Eschweg se fabrique de deux façons
différentes : dans l'une, la *saponification du suif et de
l'huile de palme se fait séparément* et l'on mélange
ensuite le savon obtenu au savon de coco ; suivant
l'autre mode de fabrication, on saponifie toutes les
graisses en une seule opération.

1° *Saponification en deux opérations* : on saponifie
ensemble le suif et l'huile de palme selon le procédé ordinaire; on opère dans une seconde chaudière
la saponification de l'huile de coco au moyen d'un
mélange de lessive de soude et de lessive de potasse. Cela fait, on ajoute au savon de coco le mélange
de savon du suif et d'huile de palme, en prenant
toutefois la précaution de n'ajouter que le savon ;
mais aucune trace de la lessive mère. Un mélange
de cette lessive mère au savon de coco pourrait
avoir pour résultat que les deux savons ne s'uni-
raient que très difficilement et se sépareraient l'un
de l'autre par le refroidissement.

On mélange autant que possible les deux savons
en fusion ; leur masse d'abord épaisse devient en
chauffant légèrement, bientôt plus liquide et monte
beaucoup dans la chaudière. Si cela n'a pas lieu,
c'est qu'on en est arrivé à un moment critique, dont
dépend la réussite de l'opération entière ; il s'agit
en effet de donner au savon, par addition de lessive,

la constitution voulue. — On prend une lessive concentrée de 1,075 à 1,072 (8 + 10 degrés B.); *on agite après chaque addition de cette lessive* et l'on laisse s'écouler 8 à 10 minutes avant d'en ajouter une nouvelle quantité. Lorsqu'enfin le savon a atteint la consistance liquide qu'on voulait lui donner, on *pousse activement le feu* de façon à faire bouillonner fortement le savon. Une goutte d'essai, prise avec la spatule, s'écoule en un fil mince, incolore et semblable à du verre fondu. On ajoute alors petit à petit au savon de la lessive jusqu'à ce qu'il laisse sur la langue un goût alcalin très accentué. En cet état le savon est achevé et l'on a plus qu'à le laisser solidifier, si l'on veut encore l'affiner, cela a lieu au moyen d'une petite quantité d'une solution de sel que l'on ajoute au savon par portion et en faisant continuellenent l'essai; *une trop grande quantité de solution salée* salerait les savons de suif et d'huile de palme, c'est-à-dire les séparerait en les solidifiant; il se formerait aussi dans le moule lors du refroidissement de la masse savonneuse une couche séparée du savon de coco.

L'opération de l'affinage, une fois terminée, le savon est encore mélangé avec les matières colorantes en usage si l'on veut le marbrer pour le rendre aussi semblable que possible au véritable savon granulé. Pour 1,000 kilos de savon, on emploie 80 à 160 grammes de noir d'os si l'on veut obtenir un *marbrage gris*, et 1,200 à 1,600 grammes de Bolus

pour obtenir un marbrage *rouge*. La saponification
de l'huile de coco à côté de savon terminé de suif et
d'huile de palme présente plusieurs difficultés
qui consistent, ainsi que nous l'avons dit, en majeure partie en la détermination de la quantité de
lessive qu'il faut employer ainsi qu'à la température de la cuite, si l'on fabrique à feu nu, il faut
remuer continuellement et fortement vers la fin de
la saponification, surtout lorsqu'il se dégage un
bruit produit par les bulles de vapeur se dégageant de la masse épaisse ; ce brassage continu
a pour but d'empêcher que le savon ne brûle
et ne se colore par là en brun ; on évite
facilement cet inconvénient en employant de la
vapeur surchauffée en place d'un feu nu. On évite
également par l'emploi de la vapeur que la température du savon ne devienne trop élevée, ce qui
aurait aussi pour résultat de séparer du savon de
coco le savon granulé proprement dit lors du refroidissement ; si toutefois ce fait se présentait, on
ne pourrait y remédier qu'en faisant baisser la
température tout en remuant la masse très activement. On suit les proportions suivantes pour la
fabrication du savon d'Eschweg en deux opérations :

Suif (saponifié en savon granulé) 1200 kilogrammes
Huile de coco 480   »
Lessive de soude   ) de 20 deg. B. 600   »
Lessive de potasse) 400   »

ou bien huile de palme (blanchie) 1000 .   »
Huile de coco 500   »
Lessive de soude à 25 degrés B . 1260   »

La première de ces deux proportions donne un savon plus mou, la seconde un savon blanc plus ferme, dans lequel l'odeur de l'huile de coco est moins forte.

II. — Saponification en une seule opération.

Pour saponifier le savon d'Eschweg en une seule cuite, on emploie au commencement de l'opération, pour la somme totale de graisse fondue dans la chaudière et intimement mélangée, environ la moitié seulement de la lessive nécessaire ; lorsque celle-ci est complètement unie à la graisse, ce qui se remarque à la disparition du goût caustique (on se sert d'une lessive d'une densité de 1,157 à 1,205, soit de 20 à 25 degrés B.), on ajoute peu à peu sffisamment de lessive pour qu'une goutte d'essai complètement refroidie, donne encore une réaction caustique distincte, il faut lorsque l'on fait l'essai d'un savon, *laisser refroidir complètement la goutte d'essai, parce qu'un savon même lorsqu'il n'est pas caustique*, fait sur la langue, lorsqu'il est encore chaud, une brûlure que l'on pourrait facilement confondre avec la réaction caustique.

On continue la cuisson du savon jusqu'à disparition complète de l'écume surnageant à la surface et jusqu'à ce que le savon forme une masse uniforme d'une couleur jaune de miel ou jaune d'ambre ; il se projette en même temps avec un certain bruit des plaques qui s'amoncellent les unes sur les autres. Lorsqu'une goutte d'essai tombe rapidement d'un bâton plongé dans la masse, elle se solidifie promptement sur une feuille de verre sans se séparer en deux portions, et ne se tire pas en fil lorsqu'elle est prise entre le pouce et l'index, la saponification est terminée et l'on est arrivé au point où l'on peut procéder au mouillage du savon ou immédiatement à son moulage.

Nous employons pour du savon préparé d'après cette méthode les quantités suivantes:

Suif . . . .   1200 kilog.
Huile de coco. . . . .   600 kilog.
Lessive de soude à 25 degrés B.   280 kilog.

On ajoute encore au savon terminé lorsqu'on veut l'affiner 50 à 60 kilogrammes d'une solution de sel de 25 degrés B.

Savon de déchets de suif.

On fabrique un savon de qualité inférieure avec la masse cellulaire qui se dépose lorsqu'on épure le suif. Bien que l'on comprime assez fortement cette masse en fondant le suif, elle contient cependant encore de notables quantités de graisse que l'on peut avantageusement transformer en savon. Il est absolument nécessaire, lorsque l'épuration du suif a été faite à l'aide d'acide sulfurique ou d'un

autre acide, de diviser cette masse avant de la sou
mettre à la saponification et de *la laver à plusieurs reprises avec de l'eau*, sans quoi l'acide qui y resterait
mélangé enlèverait à la lessive ses qualités caustiques.

1,000 kilos de masse cellulaire nécessitent de 1,000
à 1,100 kilos d'une lessive de soude concentrée à
20 degrés B.; on porte la masse entière à l'ébullition,
puis on la laisse reposer pendant 48 à 60 heures
dans une chaudière couverte. Pendant ce temps, le
tissu cellulaire s'est complètement dissous sous
l'influence de l'alcali, et il s'est formé un liquide
parfaitement limpide. On porte ce liquide à l'ébullition en ajoutant peu à peu assez d'huile de coco
pour que le savon formé ne donne plus qu'une
faible réaction caustique, la dose d'huile de coco
nécessaire à la complète saponification varie suivant la quantité de substance grasse contenue dans
la masse primitive. On continue la cuite jusqu'à
complète disparition de l'écume et jusqu'à ce que
l'essai dont nous avons déjà plusieurs fois fait
mention indique que le savon est terminé.

Savon d'os.

Ce savon est d'une qualité encore inférieure au
précédent.

On l'obtient en faisant dissoudre des os réduits
en petits morceaux dans une lessive de soude concentrée ; les cartilages se transforment en une

substance gélatineuse, les phosphates sont en majeure partie séparés et l'on saponifie complètement le savon très impur qui résulte de cette opération et qui contient encore une très forte proportion d'alcali libre, au moyen de suif, d'huile de palme ou même de résine. Un autre procédé consiste à dissoudre les phosphates des os dans de l'acide sulfurique étendu et d'utiliser la solution pour la fabrication du phosphore, tandis que l'on soumet à la saponification le résidu composé de cartilages et de substances grasses. Ce procédé qui permet d'utiliser complètement toutes les substances contenues dans les os, ce qui naturellement diminue beaucoup le prix des divers produits obtenus, était autrefois considéré sans conteste comme le plus convenable.

Mais depuis que dans les fabriques on extrait la graisse des os par le sulfure de carbone ou la benzine, ce procédé ne peut plus être recommandé et il est bien préférable de dégraisser les os pour obtenir ensuite du noir animal, du phosphore, de la colle, etc.

Le savon d'os fabriqué d'après l'ancien procédé est toujours coloré en brun foncé et possède une odeur désagréable de colle animale.

Actuellement ce savon n'est plus guère fabriqué en grand, vu que par suite de l'emploi toujours plus considérable du noir animal dans les fabriques de sucre, on emploie avec beaucoup plus d'avantage les os à la fabrication du noir qu'à celle du savon.

Savon de résine.

Depuis que le prix de la résine de pin a diminué, surtout à la suite de la croissance de l'exportation américaine, on emploie la résine sur une bien plus grande échelle qu'autrefois pour la fabrication du savon; cependant on ne fabrique pas de savon purement à la résine, mais on saponifie bien plutôt des quantités variables de suif, d'huile de palme, d'huile de graine de palmier et d'huile de coco *en même temps que* la résine. La dose de résine varie suivant le prix du savon que l'on veut fabriquer ; on prend, pour une qualité supérieure 30 à 50 parties en poids de résine par 100 parties de graisse, tandis que pour les qualités plus ordinaires on en prend même jusqu'à 100 parties. Les résines contenant *des acides libres*, la saponification se fait facilement et l'on peut même obtenir des savons de résine *à froid* (par brassage). Les lessives doivent être, il est vrai, *assez concentrées* (1,235 à 1,256, soit 28 à 30 degrés Baumé), mais il n'est pas nécessaire qu'elles *soient complétement libres d'acide carbonique*, les résines ayant la propriété de décomposer les carbonates alcalins.

On peut procéder ou bien en *saponifiant séparément les graisses et la résine* et en mélangeant *les savons terminés,* ou bien en saponifiant *d'abord la graisse,* en y ajoutant la résine puis en achevant la saponification, ou bien encore en *faisant fondre ensemble* la graisse et la résine et en y ajoutant peu à peu et en remuant fortement une *lessive à un degré élevé*; on continue ensuite à brasser jusqu'à ce que le savon commence à s'épaissir.

Pour mener à bien la fabrication par *brassage* d'un bon savon de résine il faut :

    Résine . . . . 1,000 kilog.
    Huile de coco. . . . .   500 à 550 kilog.
    Huile de palme. . . . .   500 à 550 kilog.
    Lessive de soude (35 degrés B.) . . . 1,600 kilog.

Les savons de résine sont en général jaunes ou bruns et transparents (savons transparents).

Grâce à leur propriété de s'assimiler beaucoup d'eau, ils sont facilement solubles dans l'eau et *moussent beaucoup*.

Mais ils conservent toujours l'odeur de résine qu'on parvient à couvrir le plus facilement au moyen d'une addition d'huile de myrbane (nitrobenzol) (600 grammes par 1,000 kilogrammes de savon). Cette substance communique en même temps au savon un parfum agréable se rapprochant de celui des amandes amères.

On suit également les progrès de la cuite à l'aide de l'essai sur la feuille de verre. Lorsqu'en refroidissant la goutte de savon devient trouble, cela indique la présence d'eau en excès et dans ce cas il faut continuer la cuite; la goutte de savon reste-t-elle bien claire après complète solidification, c'est l'indice que l'on peut ajouter au savon la lessive destinée à le rendre fortement alcalin et qu'on peut le *dresser*.

Pour ce *dressage* on n'ajoute que très peu de lessive à la fois et l'on prélève une goutte d'essai environ 20 minutes après chaque addition de lessive. Il se forme en la goutte d'essai pendant son refroidissement une pellicule finement plissée, mais qui doit disparaître totalement après le complet refroidissement.

Lorsque après complet refroidissement il se forme autour de la goutte d'essai transparente un anneau solide d'une couleur blanchâtre, que l'on désigne sous le nom de *gris de lessive, le savon est bien réussi*; mais losqu'il se forme un anneau d'un gris sale, qui recouvre après refroidissement la goutte de savon primitivement limpide et que l'on nomme *gris de graisse*, il y a *pénurie en lessive* dont on doit ajouter une nouvelle portion.

On évapore ensuite le savon dressé; tant qu'il contient un excès d'eau, une portion prise à l'essai se trouble en refroidissant et s'étire en fils minces lorsqu'on la comprime entre les doigts; tandis qu'on peut le transvaser dans les refroidisseurs lorsque l'essai reste limpide après refroidissement, qu'il ne se forme plus de fils et que le savon se sépare sans bruit en grandes plaques de couleur foncée, en ne produisant que peu d'écume. Si l'addition de lessive n'a pas été faite avec précaution, *un excédent de lessive se reconnaît* à ce que le savon *n'adhère pas à la plaque de verre*; mais qu'on peut l'enlever facilement avec l'ongle. On remédie à cela en ajoutant un peu de graisse transformée en émulsion par une lessive faible, afin d'activer le mélange.

La constitution d'un savon mou *n'est pas la même pour chaque saison* : un savon qui, par exemple, sera parfaitement mou en été pourra devenir en hiver parfaitement dur et même cassant. On remédie à cela dans la pratique, en employant *en été des graisses plus difficilement fusibles* et des lessives complètement caustiques, tandis qu'en hiver on fera usage de lessives carbonatées.

Les savons de résine jaunes et bruns se préparent en ajoutant de la résine à de la graisse de palme et de coco; on emploie aussi quelquefois un peu de suif pour la saponification. Leur couleur plus ou moins foncée, variant du jaune clair au brun foncé, dépend de l'emploi d'huile de palme blanchie ou brute ainsi que de la dose de résine.

On donne aussi parfois une teinte artificielle *plus foncée* aux savons de résine bruns en y ajoutant une décoction de noix de galle ou de débris de cuir. Les savons de résine se dissolvent facilement en moussant fortement, propriété qui est due principalement à la forte proportion d'eau qu'ils contiennent ordinairement.

Savon transparent.

Les savons transparents ont généralement une apparence jaune de cire et sont très transparents; cette dernière qualité les désigne tout spécialement pour savons de toilette.

On les fabrique de diverses anières. La méthode suivante que nous avons expérimentée donne de très bons résultats. On saponifie suivant la méthode habituelle 100 kilogrammes d'huile de coco et 20 kilogrammes d'huile de palme avec une lessive très concentrée jusqu'à faible réaction caustique, puis on ajoute dans le savon bouillant 15 kilogrammes de résine finement pulvérisée et l'on mélange par brassage.

On maintient le savon en ébullition active et l'on y ajoute un liquide qui sert à son mouillage et que l'on compose de 100 kilos d'une solution de sel (1,072 à 1,088, soit 10 à 12 degrés B.), portée par addition de soude à 1,157 (20 degrés B.) et de 500 à 600 grammes de sel de saturne; puis on verse le savon dans les moules.

Suivant un nouveau procédé, on saponifie 70 kilos d'huile de coco avec 30 kilos d'huile de palme et 20 à 40 kilos de résine, de façon à ce que le savon présente une forte réaction alcaline. On ajoute ensuite au savon bouillant 20 à 25 litres d'une solution de potasse à 20 degrés B. et 50 à 70 kilos d'une solution de silicate de soude comme mouillage.

Savon d'Oranienbourg.

On fabrique sous ce nom un savon très estimé dans le nord de l'Allemagne, en saponifiant un mélange de graisse de coco et de palme qu'on mélange à du savon de résine; puis on affine à l'eau de sel et marbre enfin artificiellement avec du noir animal ou du Bolus. On emploie :

Huile de coco	1000 kilos
Huile de palme brute . . .	500 »
» » blanchie. . .	500 »
Solution de sel à 20 degrés B.	1000 »
Résine (saponifiée). . . .	1000 »

Les savons gélatineux présentant pour le fabricant l'avantage de supporter *un affinage avec de fortes quantités d'eau,* de solutions salées ou de silicate de soude et de donner une masse *trois fois plus grande et même plus* que la masse primitive de graisse. Par suite de leur teneur en alcali libre, *ces savons se dissolvent même dans de l'eau très dure sans précipiter le sel gras de chaux insoluble* et forment un moyen de nettoyage très actif.

Leur fabrication s'opère toujours avec un mélange d'huile de coco, d'huile de palme et d'huile de graisse de palmier, et au cas échéant aussi d'huile de coco et de suif, que l'on saponifie par un mélange de lessive de soude et de potasse et qu'on affine avec une solution salée de 20 à 25 degrés B.

Nous indiquons ci-après quelques bonnes recettes pour la fabrication de ces savons :

Huile de coco.	1000 kilos
Huile de granie de palmier . . .	1000 »
Huile de palme (brute).	315 »
Suif	185 »
Lessive de soude caustique à 28° B.	2675 »
Lessive de potasse à 25° B. . . .	175 »
Solution salée.	2600 »

Huile de coco.	2500 »
Suif	500 »
Lessive de soude caustique à 20° B	480 »
Lessive de potasse à 30° B . . .	180 »
Solution salée à 25° B	340 »

Huile de coco.	1440 »
Lessive de soude caustique à 25° B	1500 »
Lessive de potasse à 12° B . . .	3520 »
Solution de potasse à 20° B . . .	1920 »
Solution salée à 25° B	4000 »

Huile de coco.	1360 »
Lessive de soude caustique à 40° B	1212 »
Solution salée à 25° B	720 »
Solution de potasse à 30° B . .	600 »
Eau	2060 »

Savons à détacher.

Les savons destinés à enlever les taches de graisse ou autres sur les habits, contiennent toujours une certaine quantité de *fiel de bœuf*, qui possède une grande propriété dissolvante pour beaucoup de matières. Il est nécessaire d'avoir de ce fiel en quantité suffisante si l'on veut fabriquer ce savon en certaines quantités. Mais comme ce fiel se décompose excessivement facilement en répendant une odeur pénétrante de pourriture et que les mouches à viande le recherchent particulièrement pour y déposer leurs œufs, de sorte que, surtout en été, la masse entière serait infestée d'une quantité de vers, il est indispensable de rechercher un moyen de condenser ce fiel ; on y parvient avec le plus de succès en le décomposant par *l'éther acétique.* Pour cela on procède de la manière suivante : on introduit dans le récipient à fiel, de préférence un tonneau, environ 7 litres d'Ether acétique et l'on y ajoute peu à peu 100 litres de fiel de bœuf ; le mélange peut se conserver pendant plusieurs mois sans se pourrir.

Le fiel peut se conserver aussi par l'acide carbolique et ce procédé est meilleur marché et préférable au précédent.

100 grammes d'acide carbolique cristallisé suffisent pour 100 litres de fiel. Le savon préparé avec du fiel conservé de cette dernière façon, garde une faible odeur d'acide carbolique, mais qui n'est pas désagréable. Le savon à détacher est préparé de diverses façons : une méthode très simple consiste en ce que l'on emploie 50 kilos de fiel conservé pour chaque 100 kilos de savon de suif ou de résine

de bonne qualité ; on agite ensuite jusqu'à mélange complet et l'on termine par le moulage.

Les *boules de savon à détacher* se préparent de diverses façons : on fond 20 kilos de savon granulé au suif avec 4 kilos de fiel et l'on cuit la masse jusqu'à ce qu'elle se prenne rapidement. On y ajoute avant qu'elle ne se solidifie 500 grammes de térébenthine et deux kilos d'ammoniaque caustique et même aussi 1 kilog. de sucre. D'autres savons à détacher sont composés de savon blanc, de potasse et d'huile de genièvre (16 parties de savon, 4 de potasse, 3 d'huile de genièvre ; ou bien 48 de savon, 3 de vitriol blanc, 1 de noir de fumée et 1$^{1}/_{2}$ d'ammoniaque caustique, ce qui donne *le savon à détacher noir*). 48 parties de savon, 3 de potasse et 3 de vert-de-gris en poudre, donnent le savon à détacher *vert* ; etc. Depuis que la benzine et la ligroïne forment un article de commerce, on emploie beaucoup moins de savon à détacher qu'autrefois, les deux liquides susnommés enlevant très facilement les taches de graisse sur les habits.

Savons mous.

La potasse caustique donne toujours avec les acides gras des composés mous ; lorsqu'on emploie des graisses très riches en oléine, on obtient des savons qui ne se solidifient jamais et qui présentent une consistance plus ou moins butiryque ou graisseuse. Beaucoup de fabricants ont cherché, à cause du prix élevé de la potasse, à la remplacer par de la soude, sans toutefois avoir obtenu de résultat satisfaisant.

On ne parvient à fabriquer de bon savon mou que si l'on ne pousse pas le mélange des lessives de soude et de potasse en dehors d'une certaine mesure. Lorsqu'on la dépasse, le savon perd le caractère du savon mou et l'on obtient un savon, mou à la vérité, qui n'a pas la propriété d'adhérer fortement et sans effort au papier, au bois et à des substances du même genre. Tous ces savons ont l'apparence d'une masse de colle à laquelle on aurait ajouté suffisamment d'eau pour la transformer en gelée. Si l'on saponifie par exemple de l'huile de chanvre par de la soude, on ne doit en mélanger que 40 à 45 parties au plus avec 60 ou 65 parties de savon mou véritable, pour obtenir un produit possédant les caractères distinctifs de ce dernier. Il est aussi très important que la lessive de potasse employée à la fabrication du savon mou, ne contienne *absolument pas de sel*, car celui-ci provoquerait pendant la cuisson la séparation du savon à la soude.

La séparation des savons mous présente certaines difficultés en ce qu'il s'agit d'un côté de déterminer le moment où l'on doit suspendre l'addition de la lessive, et de l'autre, reconnaitre le moment où le savon est cuit à point; il faut en effet éliminer du savon mou, par évaporation, toute l'eau superflue. La marche générale à suivre, qui, à la vérité, varie un peu selon la nature de la graisse employée est la suivante :

On verse sur les matières grasses le quart de la quantité entière de lessive (d'une densité de 1,157, soit 20° B.) et l'on cuit en agitant continuellement jusqu'à complète association de la graisse et de la lessive, puis l'on ajoute à nouveau de la lessive jusqu'à ce que la masse commence à s'éclaircir et l'on cuit enfin à feu modéré jusqu'à ce qu'une portion prise à l'essai ne s'écoule plus en fil de la spatule.

Ces dernières produisent toujours un savon plus mou que les lessives complètement caustiques. On obtient les lessives carbonatées en employant 10 à 20 % de chaux en moins en hiver qu'en été pour rendre les lessives caustiques.

Toutefois, nous employons toujours le procédé le plus simple qui consiste à saponifier sans exception avec des lessives caustiques et à remplacer dans les savons d'hiver une partie de la lessive caustique par de la lessive de potasse de 30 à 40 degrés B.

Savons à l'huile.

Les matières principales qui entrent dans la fabrication de ces savons sont l'huile de baleine ou de phoque ; l'huile de chanvre, l'huile de navet, l'huile de lin et l'acide oléique, auxquelles on peut aussi ajouter 10 à 15 % de résine.

La lessive doit être une lessive de potasse à

laquelle on peut ajouter jusqu'à 40 % de lessive de soude ; on diminue cette quantité de lessive de soude lorsqu'on veut fabriquer des savons d'hiver ou lorsqu'on emploie des graisses plus fermes.

Le savon d'huile est épais, tenace, gélatineux très brillant et possède une couleur vert foncé, brune ou noire et toujours une odeur particulière déterminée par les acides gras volatils inhérents à diverses sortes de matières grasses. On peut fortement mouiller le savon à l'huile au point de lui donner la moitié de son poids en eau. On se sert de matières très diverses pour le mouillage ; on emploie le plus souvent du silicate de soude, du sel de cuisine et de l'alun, du sulfate de potasse et parfois de la gélatine de qualité inférieure et de l'amidon.

Le sel et l'alun sont en général employés en solution dans la proportion de deux parties de sel et d'une partie d'alun. Le mouillage à l'aide de gélatine et d'amidon de pommes de terre peut être poussé à un très grand degré, à cause de la constitution gélatineuse de ces matières et sans que leur présence dans le savon devienne visible.

Cependant ces additions ne sont pas justifiables au point de vue de la loyauté commerciale, car ni la gélatine ni l'amidon ne possèdent les propriétés du savon. Tandis que 100 parties en poids d'huile donnent en moyenne 230 à 250 parties en poids de savon à l'huile, on peut porter ce poids à 300 et

360 parties par un mouillage avec de la gélatine et plus particulièrement avec de l'amidon de pommes de terre ; il est vrai que les deux tiers seulement de la masse entière sont formés de savon proprement dit.

Bien que la couleur d'un savon ne soit toujours qu'une chose accessoire, beaucoup de consommateurs tiennent à avoir un savon à l'huile *d'une couleur déterminée* ; pour répondre à leur désir on colore le savon artificiellement, en général en vert ou en noir. La couleur *verte* s'obtient au moyen d'indigo finement pulvérisé et lavé et l'on brasse le savon coloré en jaune (le jaune et le bleu donnent une couleur verte). Mais il est difficile d'obtenir de cette manière une coloration uniforme ; on réussit mieux en laissant digérer l'indigo fortement séché pendant plusieurs jours dans un endroit chaud avec son poids d'acide sulfurique fumant ; la solution est ensuite décomposée par de la soude tant que la masse écume lorsqu'on la remue par suite du dégagement de l'acide carbonique.

Il se forme un *carmin d'indigo facilement soluble* qui, à cause de sa solubilité même se mélange sans difficulté au savon. On calcule ordinairement que pour obtenir une coloration suffisante, il faut 2,5 kilos d'indigo pour 1000 kilos de savon.

La coloration *en noir* s'obtient facilement en décomposant le savon mou par une décoction de substances contenant du tanin, telles que de l'écorce de chêne, et des noix de galle, auxquelles on ajoute un peu de sulfate de fer en solution.

Savon mou à l'Élaine.

Ce savon désigné aussi sous les noms de *savon d'élaine lisse, savon argenté*, et qui s'obtient en général en saponifiant l'huile de palme blanchie, mêlée à de l'acide oléique à l'aide d'une lessive contenant 40 à 50 °/₀ de soude. En diminuant la quantité de lessive de soude on donne au savon la transparence qui caractérise le véritable savon mou. Mais on n'aime pas donner cette transparence au savon à l'élaine et l'on préfère qu'il soit moins transparent et qu'il présente une surface d'un brillant argenté.

Lorsqu'on emploie de la résine pour la fabrication de ce savon, il faut qu'elle soit parfaitement *blanchie*, mais le savon n'a pas le brillant qui lui est propre. Il faut en général 40 à 50 °/₀ d'huile de palme et 60 °/₀ d'acide oléique (cas échéant 30 °/₀ d'acide oléique et 30°/₀ d'huile de lin, ou bien encore 90 °/₀ d'huile de palme et 10 °/₀ de résine.)

Savon granulé naturel.

Ce savon s'obtient en saponifiant en même temps que l'huile, de l'huile de palme ou du suif, en employant des lessives ne contenant *que très peu de soude,* au plus 4 à 5 °/₀. Pendant le refroidissement, le savon mou, limpide et transparent laisse déposer des cristaux de savon de palmitine et de stéarine qui forment le *grain* du savon.

Mais ce précipité n'a lieu d'une manière convenable que lorsqu'on fait refroidir le savon à une *température constante de* 8 à 16° C. Une cave, par exemple, convient parfaitement à la fabrication de ces savons. Si la température est inférieure à celle que nous venons d'indiquer, la masse entière se solidifie ordinairement déjà avant la formation du grain et reste limpide, tandis qu'elle devient blanche, opaque et privée également de grain si la lessive contient trop de soude.

55 kilos d'huile de palme nécessitent 45 kilos d'acide oléique, ou bien 30 kilos d'huile de lin, 15 de suif, ou encore 4 de suif et 36 d'huile de chanvre.

Savon granulé artificiel.

Ce savon est tout simplement un savon ordinaire à l'huile auquel on ajoute, au moment où la solidification commmence, des poudres blanches que l'on mélange à la masse par un brassage : ce sont de la poudre de chaux, de l'argile blanche lavée ou de l'amidon.

Le grain ainsi obtenu porte préjudice à la valeur même du savon, car les substances mélangées sont absolument sans aucun effet.

Savon mou blanc ou à l'huile de coco.

Il se fabrique en saponifiant trois parties de suif et une partie d'huile de coco par un mélange de deux parties de lessive de potasse et une partie de lessive de soude, puis en ajoutant assez de lessive pour que le savon brûle à la langue, après salage avec de l'eau salée, on obtient une masse blanche de savon tenant, au point de vue de sa constitution, le milieu entre un savon dur et un savon mou; elle est déjà assez ferme pour qu'on ne puisse plus l'étendre facilement et se rapproche par sa consistance du fromage fraîchement fait.

On sale assez fortement à l'aide d'eau salée à 20° B. pour obtenir en savon quatre fois la quantité de graisse employée.

Emplâtres.

Ce sont des savons contenant, au lieu de potasse ou de soude, de l'oxyde de plomb combiné avec des acides gras. On les obtient en cuisant de la graisse molle (du saindoux), de l'huile ou de l'acide oléique avec de la litharge finement pulvérisée en remuant continuellement et en remplaçant l'eau évaporée, jusqu'à ce que l'emplâtre présente une masse qui, à la température de la main, se laisse encore pétrir à sa surface, mais se solidifie à l'air. Les emplâtres sont en savon lourd jaunâtre ou verdâtre, selon la graisse employée, contenant un peu de graisse non décomposée et toute la glycérine de la graisse employée. Leur propriété adhésive les fait employer dans la chirurgie comme sparadraps, ils sont désignés aussi en pharmacie sous le nom de diachylon ou (emplastrum lithargir simpex), et vendus généralement sous forme de bâtons cylindriques, obtenus en roulant la masse à l'état chaud.

IX. — Savons médicinaux.

Les propriétés que possède principalement le savon de nettoyer complètement la peau, le rend tout particulièrement propre à mettre en contact, avec la peau, certains produits médicinaux.

Tout savon possède du reste, à part ses qualités détersives, et surtout le savon mou fortement alcalin, une certaine action médicale sur la peau, semblable il est vrai à celle des alcalins, mais moins énergique. Tout savon, quel qu'il soit augmente l'activité de la peau en ouvrant les pores et en permettant à la transpiration et aux glandes graisseuses de fonctionner librement. Les savons mous agissent en ce sens plus énergiquement que les savons durs, à cause de leur teneur plus grande en alcali libre. Les savons mous sont même le remède le plus sûr contre la gale. Les savons médicinaux contiennent toujours certaines substances étrangères exerçant sur la peau une action médicale; on les désigne généralement d'après les matières qui leur sont ajoutées. On emploie ordinairement *comme base des savons médicinaux* des *savons granulés au suif* ou de *Marseille, de bonne qualité,* quelquefois aussi de la *poudre de savon* sur la fabrication de laquelle nous reviendrons dans un des chapitres suivants.

Nous donnons ci-après quelques recettes pour composer les savons médicinaux les plus fréquemment employés; nous ajoutons que l'on peut unir aux savons toutes les substances qui doivent réagir sur la peau, afin de les faire agir soit par contact direct, soit en solution dans les bains.

Savon au camphre. Dix parties de poudre de savon, 1 partie de camphre mélangées intimement. Employé contre les engelures et dans les cas de congélation.

Savon à l'acide carbolique. On décompose un savon blanc ordinaire par 2 ou 3 % d'acide carbolique pur. Il est excellent pour se laver, lorsqu'on a été en contact avec des corps pouvant communiquer une maladie contagieuse. Le savon à l'acide carbolique remplace actuellement très souvent le savon au chlore.

Savon au chlore. Savon désinfectant. On mélange 8 à 10 parties de poudre de savon et 1 partie de chlorure de calcium ordinaire, puis on moule en petits morceaux dans une presse à savon. Ce savon s'emploie spécialement à faire disparaître la mauvaise odeur des mains après les dissections, etc. Le chore devenu libre par suite de la dissolution du savon dans l'eau, en forme le principe actif.

Savon à l'huile de croton. Il est préparé par mélange d'une lessive de potasse très concentrée avec de l'huile de croton (66 d'huile et 34 de lessive); il est employé en remède interne comme purgatif violent.

Savon au gayac. On saponifie de la résine de gayac par de la lessive de potasse. Le savon de résine ainsi obtenu s'emploie en médecine à cause de son action astringente, particulière à la résine de gayac.

Savon au miel. On le prépare en fondant ensemble 12 à 16 parties de savon de suif de bonne qualité, avec 1 à 4 parties de miel d'abeilles aromatisé; on l'emploie contre les gerçures et les crevasses le la peau.

Savon au jalap. On traite 2 parties de résine de jalap et 2 parties de savon de Marseille par 4 parties en poids d'esprit de vin fort, on cuit la masse amollie au bain-marie, jusqu'à ce qu'en refroidissant elle prenne une consistance assez ferme. On en fait des pilules employées comme purgatif énergique.

Savon ioduré. On mélange intimement 12 parties de savon et 1 partie d'iodure de potassium en poudre fine. Ce savon s'emploie en solution aqueuse pour la préparation de bains lors de maladies de la peau.

Savon à l'huile de ricin. On l'obtient en saponifiant de l'huile de ricin par de la magnésie calcinée (magnesia usta); il est blanc et s'emploie comme purgatif énergique.

Savon salicylé. Il se fabrique en agitant une solution alcoolique saturée d'acide salicylique dans du savon, en employant 1 partie en poids de la solution pour environ 10 parties de savon.

Ce savon possède toutes les qualités désinfectantes du savon à l'acide carbolique, mais se distingue de ce dernier par l'absence d'odeur.

Savon au tanin. 12 à 16 parties de poudre de savon et une partie de tanin pur, obtenu par macération de noix de galle dans un mélange d'esprit de vin et d'éther et par évaporation de la solution, donnent un remède très astringent qui, dissous dans un bain, s'emploie contre les engelures et les transpirations nauséabondes des pieds.

Savon de térébenthine. 1 kilogramme de poudre de savon 1 kilogramme d'huile de térébenthine rectifiée, 150 grammes de carbonate de potasse (potasse). Ce savon, fréquemment employé, donne de bon résultats dans le traitement des rhumes, des douleurs articulaires, des gonflements de glandes, des engelures, etc.

Savon au goudron. 12 à 16 parties de savon et 1 ou 2 parties de goudron de bouleau ou de goudron de houille ordinaire. C'est un des moyens les plus efficaces contre les éruptions de la peau ; il est cependant aujourd'hui fréquemment remplacé par le savon à l'acide carbolique ou par le savon salicylé.

A part les savons médicinaux que nous venons d'énumérer, il en existe une assez grande quantité d'autres qui sont ou bien vendus à titre de spécifiques (ordinairement sans effet aucun), ou bien préparés suivant des ordonnances médicales spéciales.

Mais ces savons sortent du cadre chimico-technique qui seul doit prévaloir dans un ouvrage dans le genre de celui qui nous occupe en ce moment. Nous ajouterons donc seulement au sujet de ces savons, que beaucoup d'entre eux sont composés de substances qui ne peuvent avoir aucune action chimique ni médicale et qu'il serait déloyal d'en recommander l'emploi.

X. — Moulage des savons.

Les savons ordinaires sont généralement vendus au poids et en morceaux de grosseur égale et d'un poids déterminé.

Pour en arriver à ce résultat le savon subit diverses manipulations et passe par divers appareils que nous allons décrire. Il s'agit avant tout de re-

Fig. 5.

produire le savon terminé sous forme de grands blocs prismatiques. Cette opération a lieu dans des moules représentés par la fig. 5.

Les moules employés primitivement étaient en bois et en forme de caisses prismatiques pouvant se démonter et de capacités variables. Les moules employés pour les savons gélatineux et pour les savons de toilette fins, peuvent contenir environ 50 à 800 kilogrammes de savon. Pour les savons granulés on utilise des moules beaucoup plus grands d'une contenance de 1,500 à 4,000 kilogrammes de savon.

Le moule consiste en un fond massif A dans lequel s'adaptent au moyen de rainures des parois verticales renforcées par des montants d. Le moule une fois monté, on passe dans les petits côtés les vis e serrées au moyen des écrous f, de façon à le rendre bien étanche et à ce que le savon ne puisse s'écouler au dehors. Les endroits défectueux qui se présentent assez fréquemment dans des moules anciens et d'un emploi répété, se bouchent avec du savon achevé.

Le savon se refroidit lentement dans les moules en bois et donne un très beau grain; mais les moules en *fer* sont préférables si l'on veut obtenir un travail rapide; ces moules en fer sont construits exectement de la même manière que les moules en bois et ont sur ces derniers l'avantage d'être plus durables, et par suite de leur plus grande conductibilité, de provoquer un refroidissement plus rapide du savon. C'est aussi pour cette raison que les grandes fabriques n'emploient que des moules

en fer. La fig. 6 représente un de ces moules en
fer sous sa forme la plus pratique.

Fig. 6.

Leurs parois sont en tôle unie et consolidées par
des cadres en fer; en outre, les côtés longs sont
renforcés à leur partie supérieure par des tringles
transversales. Le moule, s'il est bien exécuté ne
doit pas laisser passer une seule goutte de savon liquide. Dans beaucoup de cas, on cherche à maintenir le savon versé dans le moule pendant un
certain temps à l'état liquide; on peut aussi avec
facilité employer les moules en fer en fixant par
des crochets sur leurs parois latérales des matelas
d'une épaisseur de 10 à 15 centimètres et bourrés
avec un mauvais conducteur de la chaleur, tel que
de la paille ou de la paille hachée. Le savon reste
dans des moules en fer enveloppés de cette façon
(fig. 7) aussi longtemps liquide que dans des moules en bois à parois épaisses.

Pour les savons fins, les moules sont de petites

dimensions (1 mètre de long, 50 centimètres de

Fig. 7.

large, 10 centimètres de haut). La fig. 8 représente
un de ces moules.

Fig. 8.

Le moule proprement dit a est perforé sur chacun
de ses côtés de deux trous munis de chevilles
s'engageant dans les cadres *b*; à leur partie supérieure ces cadres sont à leur tour pourvus de chevilles s'adaptant à un second cadre, ainsi de suite.

On donne au moule la hauteur voulue en super-
posant les cadres. Le savon une fois refroidi, il
faut le diviser en barres de grosseur égale. On en-

lève les parois latérales du moule de façon à isoler le bloc de savon, puis au moyen du *couteau* (fig. 9), on le divise en plaques assez grosses.

Fig. 9.

Ansi que l'indique notre dessin, cet appareil consiste en trois planches *a. a' a'* placées entre elles à angles droits; aux deux côtés sont fixées des plaques en fer *c d*. Ces plaques sont percées de trous au travers desquelles on passe un fil de fer d'un fort numéro, qui forme le couteau proprement dit. On place le fil de fer plus ou moins haut, suivant que l'on veut obtenir une barre de savon plus ou moins épaisse. L'appareil se place ensuite sur le bloc de savon, on le saisit par la poignée et l'on coupe en le tirant à soi une plaque d'une épaisseur voulue.

En coupant le savon avec le même appareil placé verticalement à sa première position, on obtient des plaques prismatiques que l'on divise en petits morceaux égaux sur la table à découper (fig. 10).

Le plateau A de la table à découper, limitée sur ses côtés par les bordures B, B, a la même largeur qu'une barre de savon. Elle porte à sa partie antérieure une tringle en fer servant de guide au fil de fer E E avec lequel on découpe le savon. La bordure F, maintenue par des vis, se déplace plus ou

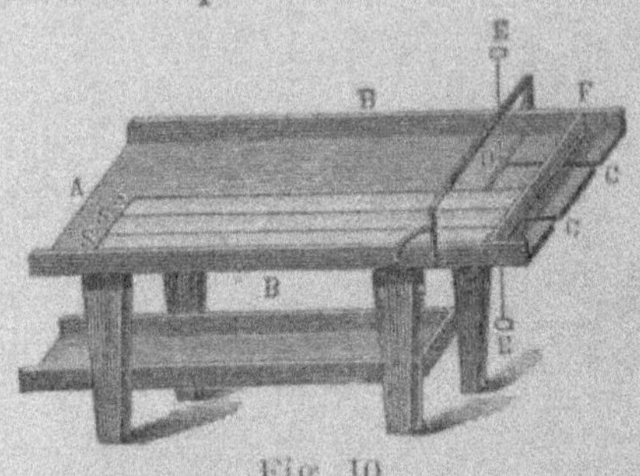

Fig. 10.

moins suivant la longueur que l'on veut donner au morceau de savon. On pousse la barre contre la bordure F, on coupe, puis on enlève le morceau coupé et l'on continue de même jusqu'à ce que la barre entière ait passé au couteau. Les morceaux S, sont ensuite divisés en morceaux plus petits dans l'entaille C.

Nous donnons ci-dessous le modèle d'une machine à couper le savon, cette machine (fig. 11) est

Fig. 11.

très employée, elle est munie d'une échelle divisée en millimètres et d'une aiguille indicatrice, qui permettent à l'ouvrier de toujours couper des morceaux de savon d'une *grosseur parfaitement égale;*

ceci a tout particulièrement son importance lorsque les morceaux de savon sont destinés à recevoir une empreinte.

On donne aux savons fins, surtout aux savons de toilette, non seulement une forme prismatique, mais aussi une forme ovale avec des coins arrondis, en les enjolivant d'ornements et d'inscriptions diverses. On obtient ce résultat par *l'estampage* sur lequel nous reviendrons plus particulièrement en parlant de la fabrication des savons de toilette.

Lorsque la solidification du savon a eu lieu dans des moules qui ne se démontent pas, on se sert, pour le couper en prismes d'outils divers et sim-

Fig. 12.   Fig. 13.

ples dont nous faisons ci-après la description tout en indiquant leur usage.

On lisse tout d'abord la surface raboteuse du savon au moyen du *racloir* (fig. 12) qui a la forme) d'une truelle tranchante sur ses côtés *a b* et *c d*, puis on coupe le savon au moyen du couteau (fig. 13).

Un seul ouvrier ne suffirait pas pour faire passer ce couteau à travers la masse de savon entière ; ce travail nécessite la réunion de plusieurs hommes. On emploie pour cela un *guidon* en fer (fig. 14

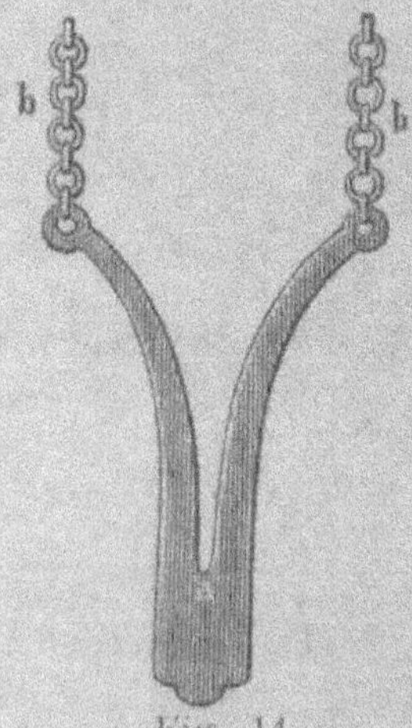

Fig. 14.

ayant la forme d'un étrier et que l'on adapte au couteau en plaçant le dos de ce dernier en *a*. On plante le couteau dans le savon à l'un des bouts du moule ; un ouvrier appuie avec le pied le guidon contre le couteau, saisit ce dernier par sa poignée et veille à ce que la lame suive une direction égale et rectiligne, tandis que deux autres ouvriers, placés à l'autre bout du moule, tirent le couteau à eux par deux cordes fixées aux chaînes *b b* du guidon. On enlève ensuite les barres de savon ainsi obtenues au moyen d'une spatule très simple recourbée, à angle droit et l'on continue l'opération sur la table à découper.

Comme il est, pour diverses raisons, utile de pouvoir obtenir des morceaux de savon de dimensions égales et presque du même poids, il est préférable, pour de grandes fabriques, de se servir de

Fig. 15.

machines à découper à l'aide desquelles un bloc de savon de fortes dimensions puisse se diviser en un nombre donné de morceaux plus petits et égaux entre eux.

Les figures 15 et 16 représentent la disposition de machines à découper le savon en barres et en morceaux.

La machine destinée à découper le savon en barres (fig. 15 et 16), consiste principalement en un cadre nommé « cadre universel », formé de huit

Fig. 16.

éclisses en fer fixées deux à deux sur un fort châssis en fer de façon à former un *accouplement e*. Ces huit éclisses forment ainsi quatre accouplements placés deux par deux à égale distance l'un de l'autre.

Aux éclisses sont fixés des écroux en fer tournant facilement, et entre deux écrous correspondants sont tendus des fils de fer que l'on peut tendre fortement en vissant les écrous.

Des roues d'arrêt empêchent ces derniers de se dévisser et des ressorts à boudin G, empêchent la rupture des fils en cas de trop forte tension. En avant des quatre éclisses qui supportent les écrous sont placés quatre montants en bois *h* sur lesquels est gravée la mesure en hauteur et en largeur des barres de savon prises séparément, de telle façon que chaque côté du montant porte la mesure d'une sorte de barre.

Les chevilles *i* maintiennent les montants dans la position qui leur a été donnée et les fils de fer sont tendus à travers les entailles des montants parfaitement parallèlement entre eux.

Suivant la position que l'on fait prendre aux montants en bois, l'on peut, avec cette machine, couper des barres de savon de quatre dimensions différentes et l'on varie la hauteur et la largeur de la coupe en déplaçant les montants; on déplace ensuite les fils selon la position des entailles.

Lorsqu'on veut ranger autrement la machine, l'on donne au cadre vertical (fig. 15) une position horizontale (fig. 16), ce qui se fait en le faisant pivoter sur les charnières K après avoir levé le cran d'arrêt *l*. On peut alors tourner le cadre ainsi que l'avant-table *d* et l'on peut procéder au chargement désiré.

Le bloc *m* sert à conduire la masse de savon au-devant des fils découpeurs. Ce bloc est fixé à une crémaillère qui, mue par une roue dentée et sa manivelle, fait avancer le savon au-devant des fils de fer entrecroisés; ceux-ci découpent le savon en barres d'égales grosseurs suivant l'écartement qu'on leur a donné.

8.

La machine à *morceler le savon* (fig. 17) divise les barres de savon en morceaux égaux.

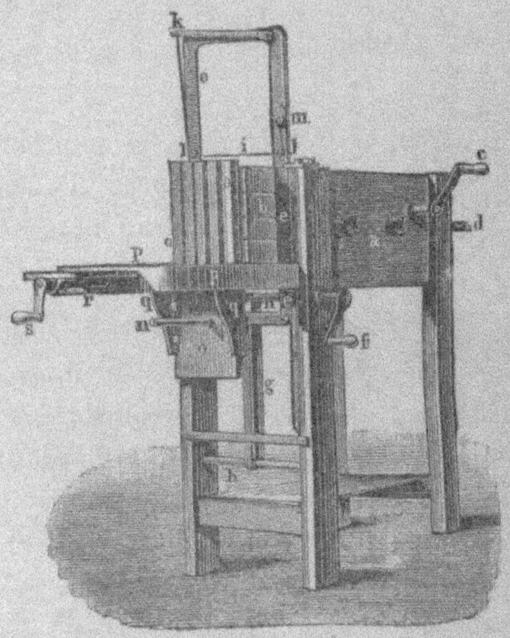

Fig. 17.

Un plateau vertical fixé à une crémaillère en fer *d*, mue par la manivelle *c*, sert à pousser en avant le paquet de barres de savon placées dans la caisse *a*.

Le cadre à découper en fer *e* reçoit un mouvement vertical de va-et-vient dans des accouplements par la manivelle *f* et par deux courroies qui s'enroulent et se déroulent alternativement sur les rouleaux *h*.

Le fil à découper est fixé par l'un de ses bouts au ressort K et par l'autre au bouton *m*, muni de crans d'arrêt.

Ce fil passe sur les deux rouleaux conducteurs *l*.

La tige ronde en fer *n* met le cadre en fer *c* en communication avec la planche à mesurer *o*. Cette dernière est disposée en forme de fourchette et reçoit dans l'avant-table un mouvement de va-et-vient en même temps que le cadre *c*.

Les fourchettes de la planche à mesurer passent à travers l'avant-table et la planche *o* est guidée par deux listes *q*. Son mouvement horizontal est obtenu par la vis *r*, mue elle-même par la manivelle *s*.

Au début de l'opération, on remplit la caisse *a* de barres de savon; on la pousse au moyen de la manivelle *s* selon la longueur que l'on veut donner aux morceaux. On soulève ensuite avec la manivelle le cadre à découper, ainsi que la planche à mesurer, jusqu'à ce que le fil se trouve placé au-dessus des barres de savon.

On fait alors avancer les barres *b*, en tournant la manivelle *c*, jusqu'à ce qu'elles viennent toucher la planche à mesurer.

En tournant la manivelle *f*, on fait descendre le cadre à découper *e*, ce qui permet au fil de couper des morceaux égaux sur toutes les barres.

La planche *o* s'abaissant en même temps que le cadre à découper, on peut enlever les morceaux de savon complètement détachés des barres.

La planche à mesurer peut se placer à n'importe quelle distance des fils découpeurs; il est ainsi loisible de couper des morceaux de toutes longueurs.

Tous les morceaux de savon étant égaux les uns aux autres, ils ont aussi tous le même poids, lorsque le savon possède une densité uniforme.

XI. — Tableaux de Cuisson

Bien que l'on puisse facilement, avec les tableaux de lessive indiqués plus haut, calculer les quantités de graisse et de lesssive nécessaires à une saponification complète, le fabricant tient cependant à avoir un point de départ qui lui fournisse directement des données sur les quantités de graisse et de lessive qu'il doit employer. On obtient ces données au moyen des *tableaux de cuite* dont nous donnons deux ci-après, l'une pour les lessives de soude et l'autre pour les lessives de potasse, ainsi que pour les graisses le plus fréquemment en usage. Les chiffres indiquant les quantités de lessive sont imprimés en trois grosseurs diverses ; les plus gros désignent les lessives qui produisent la *meilleure* saponification, les chiffres de moyenne grosseur, celles qui produisent une *bonne* saponification, et enfin les chiffres imprimés en petits caractères sont réservés aux lessives qui ne donnent qu'une mauvaise saponification.

Nous faisons remarquer encore que les chiffres indiqués plus loin ne se rapportent qu'à des matières *chimiquement pures* ou à *cent pour cent*. Si, par exemple, dans le tableau I nous indiquons que 100 parties d'acide oléique se saponifient le mieux par 84 parties de lessive de soude à 30° B; il est entendu que la lessive de soude doit contenir la quantité de soude caustique nécessaire pour porter à 30° B la lessive, en admettant qu'elle ne contienne que de la soude chimiquement pure en solution.

Il faut employer une quantité de lessive d'autant plus grande qu'elle est préparée avec de la soude moins pure.

I. — Tableau de cuisson pour les savons à la soude

Il faut, pour saponifier complètement 100 parties de graisse :

100 parties	nécessitent pour la saponification			une lessive de soude ayant en deg. B. une force de			
	Oxyde de sodium	Oxyde hydraté de sodium	Carbonate de soude	10	20	25	30
Suif.........	10.66	13.66	18.33	273	137	105	80
Acide oléique.....	11.00	14.33	19.00	287	143	110	84
Huile de palme...	11.50	15.00	20.00	303	150	115	89
Huile de coco.....	13.50	17 50	23.00	350	175	135	103

II. — Tableau de cuisson pour les savons à la potasse

Il faut, pour saponifier complètement 100 parties de graisse :

100 parties	nécessitent pour la saponification			une lessive de potasse ayant en deg. B. une force de			
	Oxyde de potassium	Oxyde hydraté de potassium	Carbonate de potasse	8	20	26	35
Suif.........	16.00	19.33	24.00	322	123	97	72
Acide oléique.....	16.66	20.00	25.00	233	133	100	75
Huile de palme...	17.50	20.66	26.00	345	138	103	77
Huile de coco.....	20.50	24.33	30.00	405	162	122	90

Fabrication des savons par la vapeur

L'emploi de la vapeur d'eau dans la fabrication du savon présente de tels avantages qu'il mérite d'être introduit dans toutes les fabriques de quelque importance. Les avantages que le chauffage par la vapeur présente sur le chauffage à feu nu, consistent en ce que l'on peut à tout moment régler à volonté la température, en diminuant ou en augmentant l'entrée de la vapeur, de sorte que la masse savonneuse ne monte pas, ainsi que cela arrive facilement lorsqu'on travaille à feu nu; il en est de même pour le danger d'un coup de feu que l'emploi de la vapeur évite totalement, même lorsqu'on ne remue pas la masse.

L'emploi de la vapeur est en outre économique puisque l'on peut l'arrêter au moment même où le savon est terminé et qu'on évite ainsi tout emploi inutile de combustible.

Mais, autant l'emploi de la vapeur dans les savonneries présente des avantages sérieux, autant il était difficile d'en déterminer le véritable mode d'emploi.

Si d'un côté, en effet, on travaille à vapeur directe c'est-à-dire si l'on dirige directement la vapeur dans la chaudière à saponifier, on obtient tellement d'eau qu'il n'est plus possible de granuler le savon, car la vapeur pénétrant dans la masse doit se condenser jusqu'à ce que le contenu de la chaudière devienne assez chaud pour que cette condensation n'ait plus lieu. On a, pour cette raison, cherché à combattre la formation de trop grandes quantités d'eau dans la masse du savon en employant une plus faible quantité de vapeur au début de l'opération ; mais cela a ses inconvénients qui influent beaucoup sur la marche régulière de la saponification.

Dans le but d'éviter la présence d'une trop grande quantité d'eau dans la masse de savon par suite de l'introduction de la vapeur, on a proposé de construire des chaudières à double fond ; mais on a reconnu que dans ce cas la perte de chaleur augmentait beaucoup trop les frais de fabrication.

La masse de savon, par suite de sa consistance peu fluide, est assez mauvaise conductrice de la chaleur et la partie centrale de la masse est encore parfaitement froide tandis que ses parties plus rapprochées des parois de la chaudière sont déja sur le point d'entrer en ébullition.

Dans l'appareil *de Holden*, la saponification a lieu par l'emploi de la vapeur directe.

La construction de cet appareil est indiquée par la fig. 18. Deux supports en fonte A, solidement fixés au sol et réunis l'un à l'autre par une tringle D supportent la chaudière à saponifier cylindrique K. L'axe G H de cette chaudière repose sur les coussinets E E et porte en M une poulie qui le met en mouvement. Le tube N, surmonté d'une

soupape de sûreté, est muni d'un clapet R s'ouvrant du dedans au dehors dans le cas où la pres-

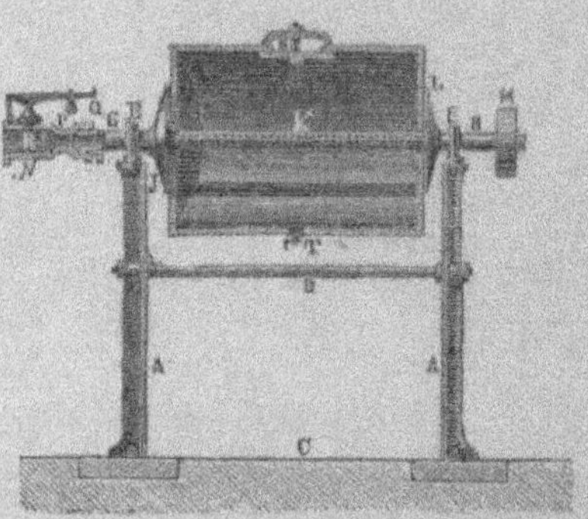

Fig. 18.

sion de la vapeur deviendrait plus grande dans
le cylindre K que dans la chaudière à vapeur
elle-même. La boîte à étoupes P Q forme, un joint
étanche entre l'axe du cylindre et le tuyau à vapeur.

Le remplissage du cylindre se fait par l'ouverture S fermée par une plaque maintenue à l'aide
d'une vis à pression.

Le robinet T est destiné à faire pénétrer à volonté
l'air dans le cylindre, à prendre les doses d'essai et
à faire écouler le savon achevé. Le remplissage
achevé, on dispose le cylindre de façon à ce que le
robinet T se trouve placé en haut et on fait entrer
la vapeur. On ferme le robinet T aussitôt que
l'air s'en est échappé et que la vapeur commence à pénétrer dans le cylindre puis on imprime à
ce dernier un mouvement de rotation lent en continuant l'introduction de la vapeur. Les nombreux

trous dont l'axe est perforé, ainsi que le mouvement continu du savon, accélèrent la saponification.

L'emploi de l'*agitateur tubulaire* constitue un progrès dans l'emploi de la vapeur. Cet appareil consiste en un tuyau vertical placé dans la chaudière et pourvu, au moyen d'engrenages, d'un mouvement de rotation lent. A ce tuyau sont adaptés plusieurs tubes latéraux généralement au nombre de quatre, courbés en serpentins et aboutissant à la partie inférieure du tuyau vertical.

La vapeur entre par la partie supérieure de ce dernier, traverse les tubes latéraux et abandonne sa chaleur à la masse de savon en se condensant en eau qui s'écoule par la partie inférieure du tuyau. Cette eau étant à sa sortie de l'appareil encore très chaude, on l'emploie à l'alimentation de la chaudière.

La figure 19 représente un de ces agitateurs, tels que les fabrique la maison *Campbell Morfit* à Baltimore.

La vapeur amenée par le tuyau F passe par la boîte à étoupes H et pénètre dans le tuyau vertical B mis en mouvement par l'engrenage conique E D. Sur ce tuyau B sont greffés quatre tubes C recourbés sur eux-mêmes à plusieurs reprises, ainsi que l'indique le dessin ; ces tubes aboutissent dans le tuyau B, juste au-dessus du fond de la chaudière A et à l'endroit par où s'écoule l'eau de condensation.

Les petites barres fixées aux tubes recourbés C, servent à les protéger et forment en même temps des agitateurs.

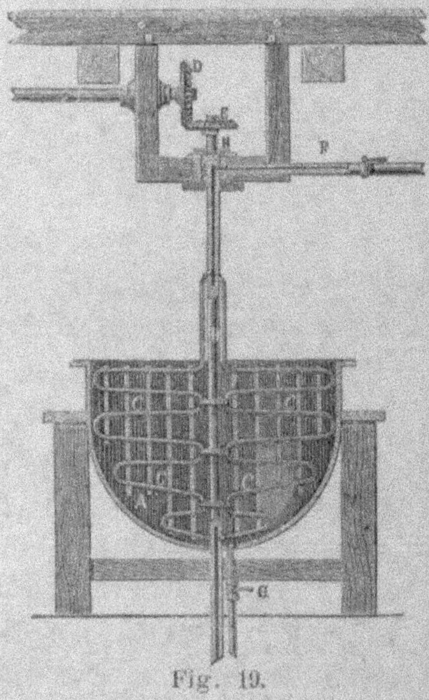

Fig. 19.

Le contenu de la chaudière s'enlève par le tuyau G.

Bien qu'en principe sa construction soit bonne, cet appareil a cependant l'inconvénient de nécessiter un assez grand écartement des tubes C entre eux, si l'on veut qu'ils chauffent rapidement le contenu de la chaudière ; ce grand écartement est désavantageux en ce sens que la place réservée dans la chaudière à la masse de savon en est diminuée. L'emploi de la vapeur surchauffée, dans la fabrication du savon, est de beaucoup préférable. Les dispositions prises à cet effet sont très simples; l'appareil se compose seulement d'un serpentin en fer muré dans un foyer et chauffé à rouge.

Ce serpentin communique d'un côté avec la chaudière à vapeur, fournissant de la vapeur à basse pression de 2 à 2 1/2 atmosphères, et de l'autre, directement avec la chaudière à saponifier isolée garantie contre le refroidissement par un revêtement en bois.

Les fig. 20 et 21 indiquent l'une en coupe, l'autre en plan, la disposition prise.

Fig. 20.

L'appareil à vapeur surchauffée se compose d'une série de tuyaux A en fonte, placés horizontalement sur un foyer et parallèlement les uns aux autres. Ces tuyaux sont joints hermétiquement entre eux au moyen de manchons en cuivre B et C.

La vapeur à 1 1/2 — 2 atmosphères passe dans

la caisse D, pénètre dans les tuyaux A chauffés au rouge et s'échappe en G où aboutit le tuyau conduisant dans la chaudière à saponifier. La tempé-

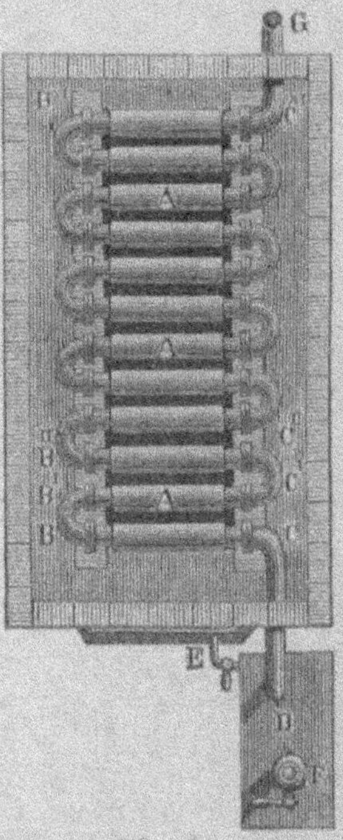

Fig. 21.

rature de la vapeur est en ce moment excessivement élevée, sans que, cependant, sa tension soit augmentée.

On peut, si l'on veut, porter à un très haut degré la température de la vapeur, il n'est besoin pour cela que d'employer et de chauffer à rouge un plus grand nombre de tuyau A.

On obtient par l'emploi d'une très faible quantité de vapeur surchauffée un effet calorique énorme et la quantité de chaleur pénétrant dans la masse de savon par condensation de la vapeur n'est pas prise en considération.

Le cuivre s'oxydant très facilement à la chaleur il faut disposer le foyer de telle sorte que les manchons en cuivre ne soient pas atteints par le feu.

Lorsqu'on veut fabriquer avec de la vapeur surchauffée, on chauffe la chaudière à vapeur jusqu'à ce que le manomètre indique une pression d'au moins 2 athmosphères ; on porte en même temps les serpentins au rouge et l'on charge la chaudière à saponifier de graisse et de lessive. On fond la graisse en faisant pénétrer *lentement* la vapeur et l'on continue l'opération de la saponification. En *activant* l'arrivée de la vapeur, on porte le savon à l'ébullition et l'opération entière peut se faire en moitié moins de temps et moins encore qu'en travaillant à feu nu.

On a de plus l'avantage de pouvoir saponifier sans arrêt avec une seule chaudière, puisqu'après chaque opération, on n'a qu'à faire évacuer le savon encore liquide par un robinet placé au fond de la chaudière pour pouvoir remplir celle-ci d'une nouvelle quantité de graisse et de lessive.

Les frais d'installation pour la fabrication par la vapeur sont assez élevés (environ 2,500 à 4,000 francs), cependant ces installations sont incontestablement les meilleures pour une fabrique d'une certaine importance et pouvant compter sur le placement continu d'une quantité importante de savon, car la diminution des frais de chauffe et de main-d'œuvre compensent rapidement les frais d'installation.

D'après notre propre expérience, il est ainsi possible de remplacer la vapeur surchauffée par de l'air fortement chauffé, ce qui simplifie l'installation en ce sens qu'une chaudière à vapeur devient inutile.

On joint alors l'appareil à surchauffer (fig. 20 et 21) par son extrémité antérieure à une pompe à air s'alimentant au dehors ; l'air chassé au travers des tuyaux rougis s'échauffe fortement et parvient ensuite dans les tubes de la chaudière à saponifier.

On procède de préférence en renvoyant dans la pompe l'air qui a cédé au savon la plus grande partie de sa chaleur ; cet air aspiré à nouveau repasse par les tuyaux réchauffeurs, ainsi de suite.

Cet arrangement permet de réduire à leur plus faible proportion les pertes de chaleur inévitables.

XIII. — Fabrication des savons de toilette.

La fabrication des savons de toilette forme une branche très importante de notre industrie et qui attire au plus haut degré l'attention des fabricants par suite du bénéfice qu'elle donne.

On comprend, dans la règle, sous le nom de savons de toilette tous les savons fins parfumés ; tous reçoivent un parfum et sont parfois colorés. En pratique, on divise en deux sortes les savons de toilette, les *savons durs* et les *crèmes*. Les premiers sont des savons durs à la soude, mais contenant parfois de fortes quantité d'eau, car on exige d'un bon savon de toilette qu'il mousse beaucoup et rapidement.

Les crèmes sont des savons à la potasse très purs mous et visqueux.

En Angleterre et en Allemagne la fabrication des savons de toilette rentre à la fois dans la spécialité des parfumeurs et dans celle des fabricants de savons. Mais la fabrication de ces savons donnant de beaux bénéfices et se rattachant de fait à l'industrie de la savonnerie, nous allons la décrire de façon à ce que tout fabricant de savon soit en état de préparer lui-même les principales sortes de savons de toilette.

L'industrie française a incontestablement dans cette branche, dépassé de beaucoup les autres pays; nos savons de toilette possèdent une beauté et une finesse de parfums toutes spéciales.

Nous ferons remarquer que ce serait faire preuve d'économie très mal comprise, que de vouloir employer des parfums et des couleurs de qualités inférieures plutôt que des produits d'une plus grande valeur, car le surplus des dépenses occasionné par la différence de prix est couvert plusieurs fois par la plus grande valeur des produits manufacturés.

Notre ouvrage consacré spécialement à la fabrication du savon commun, nous ne ferons ici qu'indiquer complètement, mais brièvement, la fabrication des savons de toilette.

Au nombre des conditions fondamentales que l'on doit observer, dans la fabrication de ces savons au risque de ne pouvoir obtenir de bons produits, nous citons les suivantes :

A. Emploi de matières premières *aussi pures que possible* pour la fabrication du savon, de parfums et de couleurs de première qualité.

B. *Mélange intime* du savon aux substances odorantes et colorantes. Une graisse ayant une odeur désagréable produit aussi, dans la plupart des cas, un savon sentant mauvais. Un savon de ce genre, même si sa mauvaise odeur n'est que très faible, est complètement impropre à la préparation d'un savon de toilette, car l'expérience nous a montré que cette odeur enlève leurs charmes aux parfums les plus fins et diminue la qualité du produit.

Nous recommandons par conséquent à tout fabricant de savons de toilette, de préparer *à part une masse avec des matières premières très pures* et de n'employer que celles-ci à l'exclusion de toute autre. Le savon ainsi obtenu est, il est vrai, d'un prix de revient un peu plus élevé, mais le surplus des frais sera largement couvert par la valeur bien supérieur du produit terminé.

Il est tout aussi important d'obtenir un produit

bien uniforme, c'est-à-dire un mélange aussi intime que possible du savon avec les parfums et les matières colorantes.

Un savon de toilette de bonne qualité doit, même à l'état de morceaux de fortes dimensions, présenter une masse d'une couleur et d'un parfum parfaitement uniformes ; il ne doit avoir aucune place plus foncée ou plus claire qu'un autre et des échantillons pris sur diverses parties du bloc de savon doivent tous avoir le même degré de parfum.

Il faut, pour qu'une masse un peu grande de savon soit parfaitement homogène, opérer le mélange de ses divers éléments avec le plus grand soin. On y arrive en brassant d'abord les substances dans le savon, puis en pétrissant les morceaux, ainsi de suite. On emploie dans ce but des machines dont nous parlerons plus loin.

Il est encore, à part la pureté et l'homogénéité, plusieurs points d'une grande importance à observer dans la fabrication des savons de toilette ; ce sont la *forme* à donner au savon et son *aspect extérieur*, c'est-à-dire l'enveloppe sous laquelle il est mis en vente. Il faut en effet prêter une grande attention à la forme et à l'aspect extérieur, car les savons de toilette sont plus ou moins des articles de luxe, et comme tels, ont non seulement un but pratique à remplir, mais doivent en outre avoir un extérieur qui plaise à l'œil.

En ce qui concerne la *forme*, le fabricant a une

assez grande latitude ; on sait que les savons de toilette se vendent sous forme de fruits, de fleurs, de figures, etc. ; le fabricant doit toujours donner au morceau de savon une forme dans laquelle il n'y ait ni *arêtes* ni *angles* aigus, car les morceaux ne seraient pas dans ce cas agréables à saisir, tandis qu'étant de forme arrondie, ils se manient facilement. Pour la même raison, les inscriptions, que le morceau de savon reçoit par estampage, ne doivent pas être *saillantes* mais *en creux.*

Quant à *l'aspect extérieur,* nous faisons observer que le public préfère les savons de toilette qui sont ornés d'une enveloppe élégante, même aux dépens de leur qualité, à ceux dont l'extérieur présente une apparence plus simple. Il va bien de soi que l'élégance de l'enveloppe extérieure dépend du prix qu'on veut mettre au savon.

Pour les savons fins, le prix de revient des boîtes, souvent richement dorées et des enveloppes ornées d'impressions en couleurs élégantes, est souvent quatre fois plus élevé que celui du savon lui-même. Mais le public exige une jolie enveloppe et juge même par son élégance de la qualité du savon. Le fabricant doit donc, dans ce cas, aller au-devant du désir de l'acheteur et mettre en vente un produit bien fabriqué et d'un extérieur agréable.

Les savons de toilette se fabriquent de plusieurs manières, ou bien on *purifie* un savon ordinaire de bonne qualité par une refonte, ou bien l'on *prépare spécialement* un savon soit par saponification à chaud ce qui a lieu plus rarement, soit, et c'est le procédé le plus généralement suivi, par saponification à froid en employant le procédé dit « par brassage ».

C'est au fabricant lui-même à savoir auquel de ces procédés il doit donner la préférence. Ce sont des circonstances locales et commerciales qui en décident.

Nous donnons dans le chapitre suivant la description des diverses méthodes employées pour la préparation de la masse destinée aux savons de toilette; mais nous n'y décrirons pas plus spécialement les opérations de la saponification, celles-ci ayant déjà été décrites dans les chapitres précédents traitant de la préparation des diverses sortes de savon.

XIV.— Préparation de la masse destinée à la fabrication des savons de toilette.

A — *par saponification*.

On emploie ordinairement pour préparer la masse destinée à la fabrication des savons de toilette, de la graisse de porc mêlée à de l'huile de coco, mais il ne faut faire usage que de l'huile de coco première qualité, nommée « huile de coco de Cochinchine, première sorte ».

La graisse de porc doit être autant que possible fraîche et se purifie de la manière suivante: On lave la graisse fraîche à plusieurs reprises avec de l'eau froide, puis on l'enferme, divisée en petits morceaux, dans un sac en toile que l'on suspend dans une chaudière pleine d'eau portée à l'ébullition.

On active le filtrage de la graisse fondue au travers du sac en pressant légèrement celui-ci que l'on enlève au bout d'un certain temps.

La majeure partie du tissu cellulaire de la graisse reste dans le sac. On ajoute alors par chaque 100 kilos de graisse 400 à 500 grammes de *sel de cuisine* et 100 à 200 gr. d'*alun en poudre*; on maintient pendant un quart d'heure l'eau en ébullition en divisant la graisse dans l'eau par un brassage continu, puis on modère le feu de manière à laisser la graisse se rassembler à la surface.

On enlève toute l'écume qui surnage *sur la graisse* et l'on filtre la graisse à travers une toile dans une cuve propre où on la laisse figer.

Une graisse épurée de cette façon peut se conserver très longtemps sans altération ; il est cependant préférable de la transformer le plus tôt possible en savon.

Ainsi que nous venons de le dire, on emploie généralement un mélange de graisse de porc et d'huile de coco ; de cette dernière on prend des quantités variant entre 5 et le 20 % de la quantité de graisse. L'addition d'huile de coco a pour but de baisser le prix de revient du savon et de pouvoir augmenter sa teneur en eau.

La saponification se fait suivant la méthode ordinaire et l'ouvrier doit tout particulièrement veiller à ce que le savon reste autant que possible à l'état *neutre*, c'est-à-dire, empêcher un excès de lessive. Pour cette raison, l'on sale à *plusieurs reprises* le savon avec du sel ou de la lessive de soude très concentrée, on le recuit et l'on continue la cuisson après le dernier salage jusqu'à ce que l'essai sur la feuille de verre donne un résultat tout à fait satisfaisant et se sépare, lorsqu'on le presse entre les doigts, en plaques dures et non adhérentes. On travaille pendant quelque temps le savon avec la spatule, afin de l'obtenir à l'état de pureté parfaite, on enlève l'écume et l'on verse le savon dans les moules tant qu'il reste limpide. La portion de savon qui reste au fond de la chaudière est généralement moins pure et on la laisse refroidir à part. On ajoute aussi à la masse destinée à faire le savon de toilette, à part la graisse de porc et l'huile de coco, du suif, de l'huile de palme, de l'huile de coco ou même un mélange de ces matières. Il faut cependant toujours avoir soin de n'utiliser que des graisses parfaitement pures et d'éviter dans le savon tout excès d'alcalis.

La fabrication de la masse des inée aux savons de toilette ne se distingue, comme on le voit, de celle des savons ordinaires, que par un choix spécial des matières premières et par un travail soigné. Lorsqu'on veut se procurer du savon granulé soigneusement fabriqué, on borne la fabrication proprement dite des savons de toilette aux opérations de la refonte, de la coloration, du parfumage et du moulage.

B. — Par Brassage.

Le procédé par brassage ou saponification à froid est actuellement surtout pour la préparation des savons de toilette, le plus en vogue, parce qu'il présente des avantages que n'ont pas les autres procédés. On peut, en effet, réunir en une seule opération la saponification, la coloration et le parfumage, en sorte qu'il ne reste plus rien d'autre à faire que de diviser la masse refroidie et à en estamper les morceaux. Cette sorte de savons ne se prépare qu'avec de la graisse de coco, qui doit naturellement être épurée au préalable; la saponification se fait à *basse température* et en brassant continuellement avec une *lessive concentrée de soude*. Il faut calculer exactement la proportion de graisse et de lessive pour avoir un savon aussi peu caustique que possible, et il est toujours bon, pour arriver à ce résultat, de travailler premièrement une petite quantité à l'essai, en saponifiant une petite portion de graisse de coco avec une quantité de lessive exactement mesurée; on peut ainsi facilement reconnaître si la quantité prise de lessive suffit ou non.

La saponification une fois arrivée au point que le contenu de la chaudière se prend en une masse homogène assez consistante pour qu'il devienne difficile de la remuer avec la spatule, on ajoute les matières colorantes et les parfums, en les mélangeant le plus également possible au moyen d'un brassage prolongé. Le brassage à la main étant très fatigant, il est de beaucoup préférable d'employer une chaudière à mélangeur mécanique que l'on maintient continuellement en mouvement.

Si la cuite doit être colorée ou parfumée de différentes manières, on la verse dans des moules séparés dont le contenu peut alors être coloré et parfumé à volonté.

Ainsi qu'il a été dit plus haut, les savons à l'huile de coco sont susceptibles d'être fortement affinés ou mouillés. En d'autres termes, ils supportent une addition d'eau excessivement grande sans rien perdre de leur consistance. Il paraît cependant préférable, dans la fabrication de savons de toilette très fins, de ne pas pousser cet affinage trop loin, car des savons de ce genre se rétrécissent beaucoup par suite de leur perte en eau, surtout lorsqu'ils sont conservés longtemps, perdent la forme régulière qui leur a été donnée par l'estampage ainsi que le poli de leur surface et l'apparence agréable qui est si importante pour eux.

C. — *Par Refonte.*

On obtient les savons de toilette par refonte en divisant en petits morceaux un savon ordinaire, au moyen d'un fil de fer ou mieux encore au moyen de la raboteuse décrite plus loin. Ces morceaux sont ensuite placés dans une chaudière placée dans une seconde remplie d'eau bouillante ou bien chauffée à la vapeur. On ajoute au savon de l'eau jusqu'à ce qu'une dose d'essais présente la consistance voulue; on verse ensuite le savon dans les moules dans lesquels on le mélange aux substances colorantes et odorantes. La quantité d'eau nécessaire à la refonte se règle selon les qualités du savon choisi pour cette opération. Un savon dur au suif nécessite une plus grande dose d'eau que d'autres qui, par suite de leur préparation même, en contiennent déjà davantage. On ajoute de l'eau jusqu'à ce qu'on obtienne un savon durcissant par refroidissement, mais produisant facilement de la mousse lorsqu'on le traite avec de l'eau.

Lorsque le savon est trop impur pour qu'on puisse l'utiliser tel quel, on l'additionne de 50 à 60 % de son poids d'eau, on le sale et on le clarifie finalement par ébullition.

Ainsi que nous l'avons dit, il est excessivement important que le savon, les matières colorantes et les parfums, destinés à des savons de toilette, soient mélangés entre eux assez intimement pour former une masse parfaitement homogène ; d'un autre côté, il est d'une grande importance de donner par l'estampage aux morceaux de savon une forme convenable.

On arrive à ces deux résultats seulement par l'emploi de machines dont quelques-unes sont assez compliquées et dont nous allons décrire les plus importantes dans le chapitre suivant.

XV. — Description des machines employées dans la fabrication des savons de toilette.

L'emploi de machines pour la fabrication des savons de toilette est presque indispensable dans des fabriques qui s'adonnent à cette fabrication quelque peu en grand. On ne peut donner aux savons de toilette de bonne qualité cette forme régulière qu'on est habitué à leur voir, que par l'emploi de machines bien construites, pour diviser, pétrir et mouler.

Machine à raboter le savon.

Une des plus importantes de ces machines est la machine à raboter qui sert à découper le savon en copeaux unis. Son but est de donner au savon une forme telle qu'on puisse le mélanger intimement aux substances colorantes et odorantes et donner ensuite au mélange une forme appropriée à sa destination. Depuis que l'on a perfectionné cette importante machine, on prépare très fréquemment même les plus fines sortes de savons de oilette, en transformant en copeaux un savon de qualité très convenable, puis en saupoudrant les copeaux avec des substances colorantes et odorantes séchées, et en agitant activement ce mélange que l'on transforme enfin en pâte parfaitement homogène au moyen d'une pétrisseuse.

La machine à raboter est de construction fort simple.

Elle se compose principalement d'un tambour creux en fer, placé horizontalement et portant sur sa circonférence quatre à huit lames dont la position oblique est pareille à celle du rabot ordinaire.

Au-dessus de ce tambour, auquel un mécanisme très simple imprime un mouvement de rotation rapide, est placé un plateau incliné qui reçoit les barres de savon destinées à être débitées en copeaux. Leur propre poids presse ces barres contre le tambour, et les couteaux en détachent des copeaux pendant que le tambour tourne.

Ces lames n'ayant qu'une très faible inclinaison par rapport à la surface du tambour, les copeaux qu'elles détachent ont une épaisseur excessivement faible et à peine un peu plus grande que celle d'une mince feuille de papier à lettres. Plus le nombre des lames est grand et plus le tambour tourne vite, plus on peut aussi raboter de savon en un temps donné. On donne ordinairement au cylindre coupeur un diamètre de 30 à 40 centimètres et une longueur de 10 à 15 centimètres.

Pétrisseuse.

Cette machine également très importante pour le fabricant de savons de toilette, a pour but de transformer les copeaux de savon obtenus par la machine à raboter et saupoudrés de substances colorantes et odorantes, en une masse parfaitement homogène. Sa construction est aussi très simple. Elle se compose de deux ou trois cylindres horizontaux, placés sur le même plan, en granit, porphyre ou autres roches dures parfaitement polies. Des vis permettent de leur donner un écartement assez faible pour qu'une feuille de papier seulement puisse passer entre eux; ces cylindres sont joints par des engrenages de façon à ce que le premier et le second tournent en sens inverse et avec la même vitesse, tandis que la vitesse du troisième est un peu moins grande que celle des deux premiers.

Les premiers cylindres sont surmontés d'une caisse en bois formant une pyramide renversée; elle est placée de façon à ce que les copeaux de savon qui y sont jetés, tombent entre les deux cylindres qui les saisissent et les compriment en une bande très mince en produisant ainsi un pétrissage de la masse. On produit un second pétrissage formant une mince bande de savon que l'on reçoit dans un vase en bois, lorsqu'on saisit la première bande et qu'on la fait passer par dessous entre le deuxième et le troisième cylindre.

La distance entre ces deux cylindres est un peu plus faible qu'entre les deux premiers. Afin de donner à la masse une homogénité parfaite, on la fait passer par les cylindres deux fois et même, si cela est nécessaire, une troisième fois. Les cylindres en pierre reposent sur un bâti en fer et sont reliés entre eux par des engrenages; ils ont ordinairement un diamètre de 20 à 25 centimètres et une largeur de 30 à 40 centimètres. Un grattoir fixé au-dessous de chacun des cylindres détache les copeaux qui pourraient y rester attachés.

Les figures 22 et 23 représentent une machine à pétrir qui rend d'excellents services, construite d'après le système *Lesage* et qui produit en même temps le pétrissage et l'estampage du savon. Les figures 22 et 23 la représentent en coupe et en plan. A *a* est un bâti en fonte; B est l'arbre moteur reposant sur ses coussinets *b* et portant les poulies C C' ainsi que le disque D. Les cylindres pétrisseurs en pierre E E' E' reposent avec leurs manchons en *e e' e'* sur des coussinets mobiles.

Il est facile de se rendre compte, en examinant le dessin, que les cylindres doivent tourner en même temps; les engrenages sont calculés de

façon à ce que le cylindre E marche plus lentement
que les deux autres et le cylindre E″ plus lentement que le cylindre E′. La masse que l'on veut

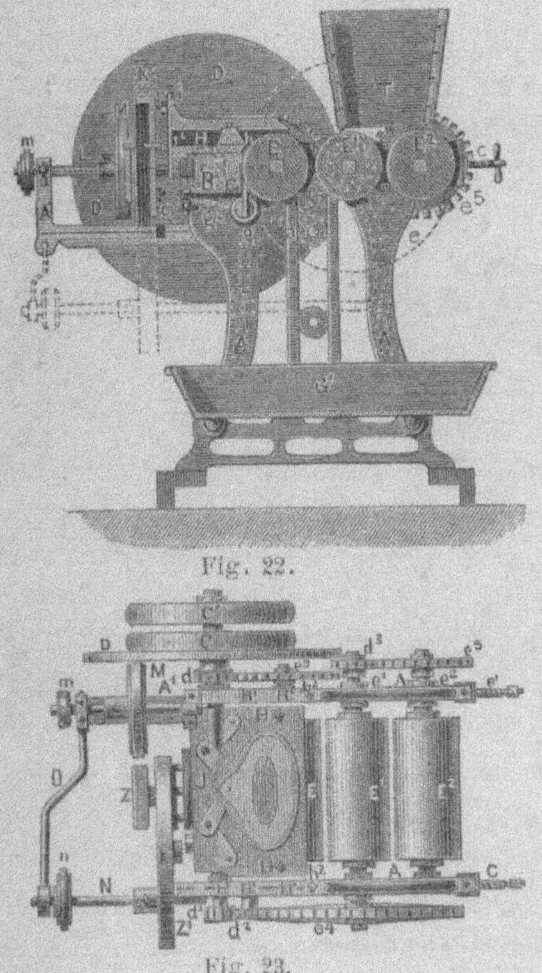

Fig. 22.

Fig. 23.

pétrir parvient entre les cylindres par l'enton-
noir T. Lorsqu'on ne veut que triturer seulemen
le savon, le couteau racleur, que l'on peut changer

de place au moyen des pièces *g* et *g'* l'enlève du cylindre et le fait tomber dans le récipient G'; mais lorsque le savon doit en outre être passé à la forme, on l'enlève au moyen du racleur *h*, on le fait passer dans la boîte H, munie d'une pièce tranchante en métal H' qui divise le savon; le savon passe ensuite dans la partie antérieure de la boîte H où il est comprimé par le guide J contre la plaque J¹, puis traverse l'ouverture ménagée dans cette plaque et dont on change à volonté la forme (dans le cas présent elle est elliptique) pour arriver sous forme d'un cylindre elliptique sur la table Z; le cylindre de savon est coupé en morceaux de grosseurs désirées au moyen d'un fil de fer qui le traverse à intervalles voulus. Le dessin ci-contre représente, en ses parties principales, le mécanisme par lequel on procède à cette dernière opération.

Avant l'invention de cette pétrisseuse, on se servait de mortiers en pierre dans lesquels on pilait ensemble le savon et les matières colorantes et odorantes jusqu'à formation d'une masse homogène. Ce procédé était fort long et très coûteux, car on ne pouvait travailler à la fois qu'une petite quantité de savon, tandis qu'avec une machine à pétrir on peut préparer par jour 180 à 200 kilos de savon et même davantage.

La Peloteuse.

Pour transformer en une masse compacte les rubans de savon sortant de la pétrisseuse, on se sert de la machine à mouler dite *à peloter*, qui a une grande analogie avec une seringue à saucisses. Elle se compose d'un cylindre en fer d'un diamètre de 30 à 40 centimètres et long de 80 centimètres à 1 mètre et dans lequel se meut un piston à frottement étanche. On remplit ce cylindre de rubans de savon, on les comprime par le piston en une masse compacte, on achève le remplissage, puis on presse de nouveau ainsi de suite jusqu'à ce que le cylindre soit presque plein. On ouvre alors le cylindre à sa partie antérieure (cette ouverture est, suivant la forme que l'on veut donner au savon, circulaire, elliptique ou quadrangulaire) et, en poussant avec le piston la masse de savon à travers l'ouverture ainsi formée, on obtient un morceau de savon cylindrique, elliptique ou quadrangulaire. Ce morceau est ensuite découpé, au moyen d'une disposition fort simple, en plaques d'une certaine épaisseur, auxquelles on donne enfin par l'estampage la forme dans laquelle on les livre au commerce.

Les Estampeuses et les Formes.

On emploie actuellement universellement des machines à estamper soit à vis soit à levier et disposées de telle sorte que la vis ou le levier, une fois l'estampage donné, remontent d'eux-mêmes et que l'ouvrier puisse enlever le morceau de savon achevé et en mettre un autre à sa place.

Les figures 24 et 25 représentent des machines à levier, et la figure 26 une machine à vis. Dans la machine figure 24 *a*, l'ouvrier a les deux mains libres, car la partie supérieure du moule à estam-

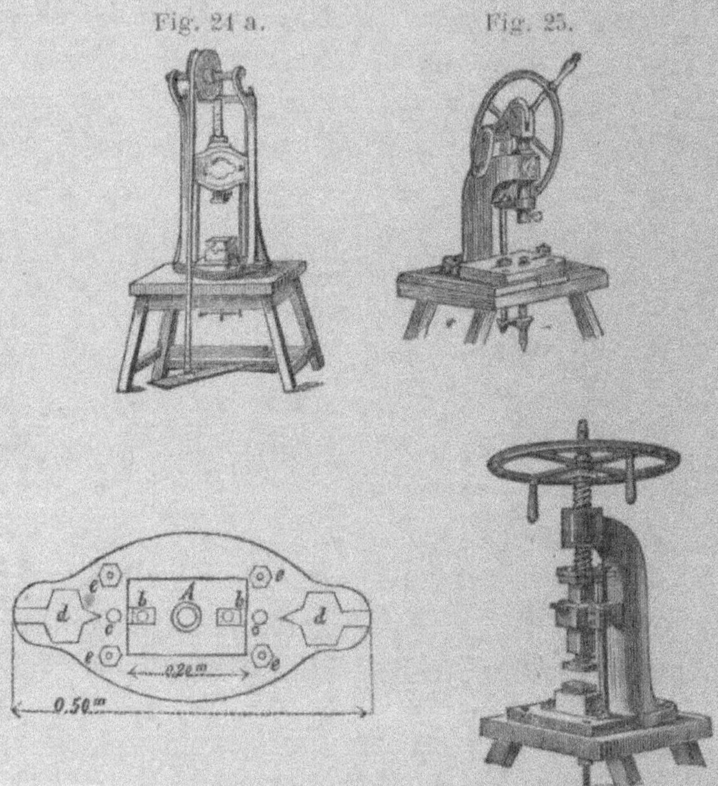

Fig. 24 a.   Fig. 25.

Fig. 24 b.   Fig. 26.

per se relève au moyen d'une pédale; cette machine peut donc être desservie par un seul ouvrier qui de la main gauche met en place le morceau de savon à estamper et l'enlève de la main droite. La figure 24 *b* indique la manière dont la forme est placée dans la presse.

Il est préférable, dans de grandes fabriques, d'actionner les estampeuses mécaniquement afin que l'ouvrier puisse reporter toute son attention sur le façonnage du savon.

On exige de tout savon de toilette fin qu'il soit imprimé avec soin et le fabricant doit tenir compte de ce désir du consommateur. L'expérience a prouvé qu'un savon bien fini est préféré par beaucoup d'acheteurs à un autre qui sera peut-être meilleur, mais dont l'extérieur sera moins joli.

Les formes qui servent à l'estampage des savons sont en laiton et sont divisées en deux parties. La partie inférieure portant l'inscription ou le dessin, est fixé sur un support élastique, composée d'une plaque en caoutchouc épaisse ou d'un bloc de bois ; la partie supérieure est fixée au levier ou à la vis et suit son mouvement de haut en bas. On doit veiller à ce que les deux moitiés de la forme soient mises bien à leur place, afin d'éviter autant que possible qu'il ne se forme sur le savon des coutures à leur point de jonction. Si l'on ne prend cette précaution, on est obligé de gratter après coup ces coutures, ce qui prend beaucoup de temps.

Pour obtenir un savon de jolie apparence, on le fait passer ordinairement deux fois à l'estampage ; par un premier estampage on lui donne sa forme générale ; par le second, on l'orne d'inscriptions et de dessins. Un bon ouvrier peut, avec une presse bien construite, estamper en une fois 400 à 500 morceaux de savon à l'heure.

Le savon une fois estampé doit être séché dans des étuves spéciales dans lesquelles on laisse les morceaux rangés à côté les uns des autres sur des planches, exposés à une température de 30 à 40 degrés centigrades, jusqu'à ce qu'ils aient atteint un degré suffisant de dureté. Des morceaux de grosseur ordinaire restent 10 à 12 jours dans l'étuve.

Le séchage à l'étuve est préférable à celui à l'air libre sans l'aide de chaleur artificielle, parce que, même en été, il n'a lieu que lentement et d'une manière irrégulière, tandis qu'en hiver, il n'est pas du tout praticable. Il vaut donc mieux toujours sécher le savon dans un local également chauffé et bien ventilé.

Nous ferons encore observer, en ce qui concerne le séchage, qu'il a généralement lieu après le premier estampage et qu'on le prolonge jusqu'à ce que le savon soit devenu assez ferme tout en restant suffisamment élastique pour résister à l'impression.

On mesure le degré de sécheresse par un estampage d'essai : si le savon se détache sans difficulté de la forme et si l'impression est bien nette, le savon a le degré voulu de sécheresse ; si au contraire, les dessins n'apparaissent pas bien nettement et si le savon ne se sépare que difficilement de sa forme, c'est l'indice d'un séchage insuffisant. Un savon trop sec se crevasse à l'estampage.

En sortant de l'étuve, les morceaux de savon sont en général ternes et l'on doit, avant de les livrer au commerce, les rendre lisses et brillants. Ceci s'obtient de plusieurs manières et ces opérations ont reçu le nom de *lustrage*.

Le lustrage du savon est un travail assez pénible. Il faut enlever au savon à l'aide d'une lame affilée et sur toute sa surface, l'écorce qui s'y forme par le séchage. Ceci exige une grande habitude.

On plonge ensuite les morceaux ainsi raclés pendant un moment dans de l'esprit de vin, puis on les frotte avec la main après quoi on les porte de nouveau dans l'étuve où ils restent 12 à 24 heures pour passer finalement à l'estampage.

On remplace actuellement cette opération longue et compliquée par un procédé très simple qui remplit le même but. On place pour cela le savon dans une caisse dans laquelle on fait arriver un jet de vapeur d'eau. La vapeur d'eau provoque à la surface du savon une décomposition chimique et le savon se recouvre d'une très belle couche brillante, qui ressort parfaitement lorsqu'on frotte le morceau avec un chiffon de laine et donne au savon un extérieur très brillant et très agréable.

Lors de la fabrication des savons de toilette à très bon marché, on réunit même en une seule les opérations du parfumage et du lustrage. On comprime dans ce cas des savons ordinaires, colorés au besoin, on les sèche et on les porte dans l'appareil à lustrer. Mais au lieu de faire agir un jet de vapeur seul, on le fait passer auparavant sur n'importe quel liquide saturé du parfum que l'on veut donner au savon. Le savon s'assimile très énergiquement ces substances odorantes et se trouve de la sorte parfumé, il est vrai seulement à la surface, mais perd aussi tout parfum lorsqu'on s'en est servi une ou deux fois.

Emballage des savons de toilette.

De même que pour beaucoup d'articles de luxe, l'enveloppe extérieure dans laquelle le savon de toilette est livré au commerce, a une très grande importance. Nous avons déjà parlé du moulage des savons et il ne nous reste plus qu'à dire quelques mots au sujet de la manière dont sont empaquetés les savons. Les fabriques de Paris et celle des environs qui produisent, en ce qui concerne les savons de toilette, des articles de premier choix, les emballent avec un tel luxe, que souvent la valeur de l'enveloppe dépasse celle du contenu. Ils ornent leurs emballages d'impressions en or et en couleurs riches et emploient les papiers les plus fins. C'est au fabricant à décider quel genre d'ornementation et d'enveloppe il veut employer et nous ne ferons ressortir ici qu'un seul fait important.

Il faut en tous cas employer pour l'emballage des

savons de toilette un papier très compact, résistant
et satiné, ou bien encore une feuille d'étain, un
emballage de ce genre empêchant sensiblement la
volatilisation ou l'altération des parfums délicats
au contact de l'air.

Il faut aussi, dans le même but, conserver toujours les savons dans des boîtes bien fermées et
avoir soin de n'insérer ensemble qu'une seule sorte
e savons, ayant le même parfum, car ces savons
prennent très facilement l'un à l'autre leur parfum.

XVI. — Couleurs et substances odorantes employées dans la fabrication des savons de toilette.

La coloration et le parfumage des savons sont au
nombre des opérations les plus importantes, car de
leur réussite dépend en grande partie la finesse du
produit. Plus d'un fabricant a déjà, par un choix
heureux des couleurs ou des parfums donnés à ses
savons, obtenu un produit qui, par ses qualités
spéciales, a acquis une grande vogue et un fort
écoulement. Or, comme ni les couleurs ni les parfums employés généralement dans la fabrication
des savons de toilette, ne sont un secret, tout fabricant peut, par un choix judicieux des couleurs
et des parfums, produire des savons de qualités
excellentes et imiter tout produit de ce genre de

de la manière la plus parfaite, après quelques
essais.

A. — *Des Couleurs*.

On peut diviser les couleurs employées dans la
fabrication des savons de toilette en deux groupes :
les couleurs solubles et les couleurs insolubles.
Depuis qu'on peut se procurer les couleurs d'aniline en grand, en n'importe quelle nuance et à bas
prix, les couleurs solubles ont la préférence sur
les couleurs insolubles, d'autant plus que lors de
l'emploi du savon, elles se dissolvent dans l'eau
sans laisser de résidu, tandis que les couleurs insolubles se déposent au fond de l'eau sous forme de
poudre. Les couleurs solubles se mélangent en
outre plus facilement au savon que les secondes
par suite de leur solubilité dans l'eau ou dans l'esprit de vin; ce dernier avantage a perdu, il est
vrai, de sa valeur depuis l'emploi des machines à
pétrir décrites plus haut, car l'emploi de ces pé-
trisseuses mécaniques permet aussi de mélanger
intimement au savon des matières colorantes insolubles, pour peu qu'elles soient réduites en poudre assez fine.

Avant d'employer à la coloration des savons une
nouvelle matière colorante, il faut s'assurer par un
essai préalable si elle convient à ce but; en
effet, beaucoup de matières colorantes se décom-
posent rapidement sous l'influence d'un alcali et
le savon, préparé à l'aide de ces couleurs, prend

une vilaine couleur ou devient complètement incolore, souvent déjà en magasin et toujours dès
le premier usage qu'on en fait.

On est arrivé actuellement à donner au savon
toutes les couleurs possibles et l'on se sert des matières colorantes suivantes :

Pour colorer en Rouge.

Alcanna, rouge d'aniline ou solution de cochenille pour les savons transparents; cinabre pour
les qualités supérieures de savons opaques; mi-
nium ou rouge de chrome pour les savons de même
genre, mais de qualité inférieure et enfin rouge
d'Angleterre (colcothar) pour les savons opaques
ordinaires.

Pour colorer en Jaune.

Extrait de curcuma ou de safran pour des savons
fins et transparents. On emploie généralement pour
les savons opaques du jaune de chrome (chromate
de plomb) qui augmente beaucoup le poids du savon. On emploie aussi pour une qualité inférieure
une addition de savon préparé à l'huile de palme
brute, qui présente déjà par lui-même une coloration jaune due à la faculté colorante de l'huile de
palme. Malheureusement, un savon de cette nature
pâlit facilement et d'autant plus rapidement à la
lumière. On peut aussi se servir, à la place de l'ex-

trait de safran dont le prix est très élevé, d'acide picrique qui, même employé à faible dose, communique au savon une coloration jaune intense; on ne doit du reste l'ajouter qu'à faible dose, sinon il occasionnerait par l'usage du savon une coloration jaune de la peau.

Pour Colorer en Bleu.

On emploie, pour des savons transparents ou fortement translucides, soit du bleu d'aniline, soit du carmin d'indigo qui possède une grande puissance colorante. On le prépare en faisant digérer pendant quelques jours dans de l'acide sulfurique fumant, de l'indigo première qualité réduit en poudre très fine et très sèche; on traite la solution obtenue par de la craie ou, ce qui vaut mieux, par de la soude, tant qu'il se produit une effervescence et l'on filtre la solution étendue d'eau de carmin d'indigo, colorée en bleu foncé tirant sur le noir.

Pour colorer en Brun.

On emploie soit du cacao en poudre très fine, ou ce qui vaut beaucoup mieux du caramel, que l'on obtient en faisant chauffer du sucre avec précaution et dans une marmite de grande dimension, et en remuant sans discontinuer, jusqu'à ce qu'il se soit transformé en une masse colorant la spatule en fils d'un brun doré foncé.

Pour colorer en Noir.

Du noir de fumée en poudre impalpable.

Pour colorer en Vert.

Du vert d'aniline ou un mélange de carmin d'indigo et d'acide picrique, lorsqu'il s'agit de savons transparents. Pour des savons opaques on peut se servir d'ultramarine verte ou de vert de chrome (oxyde de chrome).

Pour colorer en Orangé.

On prend un mélange de matières colorantes rouges et jaunes.

Pour colorer en Violet.

On prend un mélange de bleu et de rouge.

Il faut toujours lors de l'emploi des couleurs mélangées, verte, orangée et violette, déterminer par un essai la proportion dans laquelle les deux couleurs doivent être unies pour donner la nuance désirée. On ne peut obtenir de belle corloration qu'en se servant de couleurs aussi pures et aussi vives que possible et qu'en calculant exactement la proportion dans laquelle on doit les ajouter au savon. Une belle coloration suffit par elle-même à augmenter la valeur commerciale d'un savon de toilette et à le faire préférer à un autre d'égale valeur, mais d'une moins belle couleur.

La coloration a lieu d'une manière très simple : on verse les coulenrs dissoutes sur les copeaux de savon, on mélange le tout ensemble et l'on passe la mas e à la pétrisseuse qui la rend homogène.

Suivant leur nature, les matières colorantes sont généralement solubles dans l'eau ou dans l'alcool.

L'acide picrique, la matière colorante du safran, le carmin d'indigo, le caramel, etc., sont solubles dans l'eau, tandis que les couleurs d'aniline se dissolvent facilement dans de l'alcool concentré.

Il faut toujours employer les couleurs insolubles sous forme de poudre impalpable, c'est-à-dire en farine. On les mélange au savon en saupoudrant les copeaux qui se sont rassemblés jusqu'à une certaine hauteur dans la caisse de la raboteuse puis en ajoutant une nouvelle quantité de copeaux que l'on saupoudre encore, et ainsi de suite. Afin de pouvoir répandre la couleur aussi uniformément que possible, on la renferme dans un sachet en toile que l'on secoue au-dessus de la caisse à copeaux. Une fois le savon complètement raboté, on brasse fortement les copeaux et on les fait passer à la pétrisseuse jusqu'à ce que la masse entière du savon apparaisse colorée d'une manière parfaitement uniforme.

Il est difficile de colorer le savon en brassant les couleurs dans la masse de savon encore liquide déjà versée dans les moules, car il n'est guère possible, même en remuant sans arrêter, de mélanger la couleur au savon d'une manière uniforme et le bloc solidifié présente toujours des bandes colorées.

Lors de la coloration des savons de toilette, il

faut toujours tenir compte des parfums et la couleur du savon doit être celle de la fleur correspondante au parfum donné. Les savons à la rose seront donc de couleur *rose*, les savons à la lavande, *bleu clair*, les savons à la violette, violets ; etc. Lorsqu'il n'est pas possible d'accorder la couleur avec le parfum de la fleur, on choisit une couleur fine, rose, bleu-clair, etc., surtout pour les savons de qualité soignée.

Le marbrage.

Le marbrage des savons de toilette leur donne l'apparence du marbre taché ou veiné. On les marbre tantôt d'une seule couleur, tantôt de plusieurs nuances. Pour obtenir le marbrage, on remplit le moule de savon liquide jusqu'à une certaine hauteur, on ajoute une couche de couleur soit dissoute soit en poudre, on verse de nouveau du savon puis on saupoudre encore, et ainsi de suite, jusqu'à ce que le moule soit plein. A ce moment on enfonce dans le savon une spatule cylindrique que l'on fait aller d'un bout à l'autre du moule parallèlement à ses parois ; on détermine de cette façon le mélange de la couleur et du savon.

Si l'on désire obtenir un marbrage ondulé, on imprime à la spatule un mouvement en lignes courbes ou en spirale, etc.

Le marbrage bariolé s'obtient en employant plusieurs couleurs pour diverses couches de savon.

B. — *Des parfums.*

Le parfumage des savons se fait avec la plupart des substances en usage chez les parfumeurs pour obtenir les parfums liquides, la plupart de ces liquides parfumés sont très volatils et sont des huiles essentielles ; un petit nombre seulement d'entre eux sont solides tel que le Benjoin, l'ambre et le musc.

Les huiles essentielles, nommées *essences* par les parfumeurs et fabricants de savons, sont quelques-unes assez fluides, d'autres très épaisses et même de consistance butiryque. Aux premières appartiennent les huiles de citron, de néroli, etc., aux dernières, l'huile de roses naturelle, l'huile de santal et d'autres encore.

Bien que les huiles volatiles puissent être ajoutées directement au savon, il est préférable de les *dissoudre d'abord dans de l'alcool* et d'ajouter ensuite cette solution au savon, parce qu'on obtient à l'aide des solutions alcooliques un parfumage beaucoup plus rapide et plus régulier.

Dans la règle, on donne au savon la couleur correspondante à la fleur ou au fruit dont il possède le parfum. Un savon au citron, par exemple, sera toujours coloré en jaune, un savon à la rose, en rose, un savon à la violette, en violet, tandis qu'on laisse blancs les savons autrement parfumés, tels que ceux aux amandes amères, à la lavande, au musc.

Il faut, lors de l'achat des huiles essentielles en

usage pour le parfumage, connaître parfaitement la marchandise que l'on veut acquérir, car justement dans cette branche de la droguerie, on livre souvent des produits falsifiés et qui ne sont nullement ce que l'on croit acheter. On rencontre par exemple très souvent dans le commerce une huile dite « huile de roses » mais qui en réalité n'est que de l'huile de géranium rose dont le parfum se rapproche beaucoup de celui de l'huile de roses. L'huile de cannelle pure est rare dans le commerce, la majeure partie de ce qu'on nomme huile de cannelle est un mélange d'huile de cannelle et d'huile de canelle du Malabar ou d'huile de cannelle du Malabar pure, dont le parfum est beaucoup moins fin que celui de l'huile de cannelle proprement dite.

C'est par l'odorat qu'on arrive le mieux à reconnaître les huiles essentielles, car leur falsification est fort difficile à prouver par voie chimique. Il vaut toujours mieux, afin de se mettre à l'abri de la fraude, tirer ces produits précieux directement de fabriques bien connues. Il est vrai que les produits de ces fabriques sont beaucoup plus chers que ce que vendent la plupart des droguistes, mais leurs qualités les rendent de fait meilleur marché que les mélanges sans grande valeur qui vous sont offerts à bas prix.

Une essence très estimée pour parfumer les savons et dont on emploie pour cela de grandes quantités, est l'*essence véritable d'amandes amères* ;

on l'obtient en traitant par l'eau, des amandes amères, dont on a exprimé l'huile grasse ; en distillant
ce liquide et en lui faisant subir une seconde distillation sur de la chaux calcinée. Le liquide ainsi
obtenu est incolore, fluide, et possède un parfum
agréable et très fort. Mais on trouve dans le commerce un produit semblable, par son parfum, à la
véritable essence d'amandes amères et que l'on
nomme *essence d'amandes amères artificielle, nitrobenzol* ou *essence de mirbane.*

Ce produit chimique, bien meilleur marché que
l'essence véritable, se prête, il est vrai, parfaitement
au parfumage de savons aux amandes bon marché,
mais ne convient nullement à la fabrication des
marchandise de qualité supérieure ni à des con-
naisseurs, car son parfum est loin d'avoir la finesse de la véritable essence d'amandes amères.
Un essai fort simple sufût pour distinguer ces deux
produits l'un de l'autre. On dissout dans huit ou
dix fois son volume d'alcool concentré, une petite
quantité du liquide à essayer ; on ajoute une quantité de lessive de potasse concentrée égale à celle
de l'essence et par l'évaporation on réduit le mélange
à moitié de son volume. L'essence véritable donne
lieu à un liquide limpide et jaunâtre, tandis que
le nitrobenzol se transforme en une masse dure
et brune sur laquelle surnage un liquide limpide.

Si l'on suppose qu'il y a mélange d'essence d'a-
mandes amères et de nitrobenzol, cet essai ne suf-

fît pas; mais l'addition de nitrobenzol peut se reconnaître par la détermination du point d'ébullition. Car tandis que l'essence d'amandes amères bout déjà à 180 degrés C., le nitrobenzol n'entre en ébullition qu'à 213 degrés C.

Si donc le liquide essayé bout à une température supérieure à 180 degrés C., on est en présence du nitrobenzol.

Les parfums les plus fréquemment employés pour parfumer les savons de toilette sont les suivants : nous en indiquons en même temps les principales propriétés qui permettent de distinguer les marchandises de bonne qualité, pures et fraîches, de celles qui sont anciennes ou même falsifiées.

Essence d'Anis.

(Oleum Anisi).

Incolore ou colorée en jaune clair, une coloration plus foncée indiquerait une essence ancienne et moins parfumée. L'essence d'anis forme déjà à 10 ou 12 degrés C. une masse cristalline blanche. L'essence tirée de la poussière mélangée à l'anis est beaucoup moins parfumée.

Essence de Bergamote.

(Oleum Bergami).

Couleur vert clair et parfum agréable, mais qui perd de sa finesse en vieillissant.

Essence d'Amandes amères.

(Oleum Amygdal amar).

Incolore, facilement inflammable et se transforme facilement au contact de l'air en une masse cristalline incolore. On doit par conséquent la conserver dans des flacons en verre noir et à l'abri de l'air. Cette essence est fréquemment falsifiée par du nitrobenzol ainsi que nous l'avons déjà dit.

Essence de Cajeput

(Oleum cajeputi).

Très fluide, vert clair, parfois employée à la place d'essence de romarin dont le parfum est pareil au sien.

Camphre.

(Camphora).

Solide à la température ordinaire, cristallin et d'un parfum pénétrant qui ne plaît pas à tout le monde. On l'emploie plus souvent pour préparer des savons médicinaux que pour des savons de toilette proprements dits (voir le chapitre des savons médicinaux).

Essence de Cassia.

(Oleum Cassiæ).

Couleur assez jaune foncé ; on l'emploie très souvent à la place de véritable essence de cannelle parce qu'elle est meilleur marché ; mais son parfum est moins délicat et moins fort.

Essence de bois de Cèdre.

(Oleum juniperi virgin).

Cette essence, préparée avec du bois de cèdre d'Amérique est complètement incolore, ne se congèle qu'à une très basse température et possède un parfum très agréable.

Essence de Citron.

(Oleum Citri).

Préparée avec les fruits du citronnier ; elle est jaune clair et se distingue tout particulièrement par un parfum très rafraîchissant qui est la cause de la grande faveur dont jouissent les savons qui sont parfumés avec cette essence. Il faut éviter qu'elle n'entre trop en contact avec l'air, car son parfum agréable se transformerait en une odeur semblable à celle de la térébenthine.

Essence de Citronelle.

Cette essence ressemble à celle du citron ; mais en la comparant avec soin à celle-ci on finit par reconnaître une différence de parfum.

On la fait venir en grandes quantités des Indes et on l'emploie souvent en lieu et place d'essence de citron. Il en est de même de

l'essence de Schœnanthe.

qui provient aussi des Indes. Elle est incontestablement de toutes les essences la plus voisine de celle du citron, celle dont le parfum est le plus agréable en ce qu'il rapplle en même temps celui de la rose.

Essence de Géranium.

Préparée avec le géranium rose ; elle est incolore ou jaune ou même brune, d'un parfum excessivement doux, tellement pareil à celui de l'essence de roses qu'une bonne partie de l'essence de roses du commerce n'est autre chose que de l'essence de géranium, mélangée encore souvent avec de l'essence de schœnanthe dont le prix est assez bas.

Essence de Cumin.
(Oleum carvi).

D'une couleur jaune-clair d'un parfum rafraichissant, cette essence s'emploie très bien pour parfumer les savons et même, à cause de son prix peu élevé, les savons très ordinaires.

Essence de lavande.
(Oleum lavandulæ).

Il faut distinguer deux sortes de cette essence, obtenue avec la plante de lavande (la meilleur qualité se fait en Angleterre) : la véritable essence de lavande (Oleum lavandulæ vera) et l'huile d'aspic (Oleum lavandulæ spica). La première d'un parfum plus intense et excessivement délicat, coûte huit à dix fois plus cher que l'huile d'aspic (essence de lavande commune) ; on l'emploie très fréquemment pour parfumer des savons de toilette extra-fins.

En ce qui concerne sa conservation et l'altéra-
de son parfum, cette essence se comporte comme
l'essence de citron.

Essence de menthe.

(Oleum menthæ piperitæ).

D'un parfum excessivement pénétrant, mais très
agréable, donne des savons très finement parfumés.
Bien que d'une valeur moindre, mais aussi très
estimée, l'essence de menthe frisée (Oleum menthæ
crispa) livre un parfum semblable.

Ces deux sortes d'essences de menthe se fabri
quent en qualité excellente en Angleterre.

Essence de muscade.

(Oleum macis).

Fabriquée avec les fleurs du muscadier et l'huile
de noix de muscade (Oleum myristicæ).

Elle est soit incolore soit d'une nuance allant
jusqu'au jaune intense et même presque jusqu'au
rouge brun, son parfum est excessivement intense.
Une très faible quantité de cette essence suffit déjà
pour parfumer très agréablement une forte quantité de savon.

Nitrobenzol.

Nommée aussi essence de mirbane, essence d'a-
mandes amères artificielle (comparer plus haut).

Lors de l'achat de cette essence, il faut veiller à
ce qu'elle soit autant que possible *incolore* et non

pas jaune. Une très faible coloration indique que
l'essence a été préparée et distillée avec soin, l'expérience a démontré que cette essence possède un
parfum beaucoup plus fin lorsqu'elle a été distillée
que lorsqu'elle n'a été que lavée.

Essence de racine de girofle.
(Oleum caryophylli).

Fabriquée aux Indes avec des racines de de girofle ; est incolore et fluide ou varie jusqu'au brun
et jusqu'à la consistance visqueuse. Son parfum
comme celui de l'essence de muscade est très intense.

Essence de fleurs d'oranger.
(Oleum Neroli).

Cette essence compte parmi les parfums les plus
fins que nous connaissions ; on la produit surtout
dans le sud de la France en grandes quantités. On
en distingue dans le commerce plusieurs sortes
dont la plus fine est désignée sous le nom de Oleum
néroli-pétale.

On désigne sous celui de Oleum neroli bigarrade
et de huile Petit, des qualités d'un prix inférieur,
excellentes pour parfumer des savons qui ne doivent
pas être de premier ordre.

Essence d'écorce d'oranges.
(Oleum orantii).

Nommée aussi essence de Portugal, elle se fabrique
avec les écorces des oranges ; elle est d'une couleur

jaune d'or et d'un parfum agréable et rafraîchissant
pareil à celui des oranges elles mêmes.

Essence de patchouli.

Composée avec la plante du patchouli originaire des
Indes. Elle est le parfum végétal le plus pénétrant
que l'on connaisse; mais ce parfum n'est agréable
que s'il est délayé fortement. Par suite de sa grande richesse en parfum l'essence de patchouli peut
être employée dans la fabrication de savons très
bon marché.

Essence de Réséda.
(Oleum resedæ).

Fabriquée avec les fleurs du réséda odorant, (reseda
odorata), elle est, il est vrai, un des parfums les plus
exquis et entre, à cause de son parfum incompara-
ble, dans la fabrication des savons de toilette les
plus fins, mais ne se trouve que difficilement à
l'état pur dans le commerce.

Essence de roses.
(Oleum Rosarum).

Préparée en Orient avec les fleurs de diverses espèces de rosier. Sa couleur est verdâtre, et sa
consistance épaisse et souvent butyrique. Cette essence, d'un prix excessivement élevé, est plus que
tout autre sujette à des falsifications.

On la remplace avantageusement dans la fabrication des savons de toilette par l'essence de géra-

nium, relativement bien meilleur marché ou bien
par :

L'essence de bois de Rose.

Tirée du bois d'un arbre exotique, qui possède un
faible parfum de rose.

Essence de Romarin.
(Oleum Rosmarini).

Tirée de la plante de Romarin, elle est fluide, colorée en vert clair et possède un parfum agréable et
rafraîchissant.

Cette essence est employée spécialement en Angleterre pour la fabrication de savons de toilette très
fins.

Essence de vanille ou vanilline

Tirée des fruits de la (Vanilla odorata), n'est jamais
employée seule. On fait usage de l'essence de vanille
dont nous parlerons plus tard.

Essence de cannelle.
(Oleum cinnamomi).

Cette essence est assez épaisse, d'un jaune rouge,
d'un goût douçâtre et brûlant; elle se transforme
peu à peu à l'air en une masse cristalline incolore.
Ainsi que nous l'avons déjà dit, il est rare de la
trouver pure dans le commerce, car elle est presque toujours mélangée avec de l'essence de Cassia
dont le prix est inférieur.

Tandis que le règne végétal produit une grande
quantité des parfums que nous pouvons utiliser

pour les savons de toilette, le règne animal n'en produit que très peu.

Ambre.

(Ambra grisea).

Ce corps pareil à la cire, d'une apparence graisseuse, d'une couleur blanc grisâtre, provient du Potival ; lorsqu'il est dilué, son parfum est très agréable et très persistant. L'ambre a la propriété de donner une plus grande stabilité à des parfums très volatils et s'emploie, à cause de cela, comme fixatif lors de l'emploi de ces parfums.

Musc.

Le musc est une substance rouge brun, de la consistance d'un onguent et de provenance animale ; il est le plus pénétrant de tous les parfums et ne doit être employé qu'en très petites quantités, sans quoi le parfum du savon ne serait pas supportable. On en peut dire presque autant de la

Civette

Parfum provenant de l'animal du même nom. Ni le musc ni la civette ne s'emploient généralement seuls dans la fabrication des savons de toilette ; on les unit plutôt à d'autres parfums auxquels ils servent de base.

Préparation des essences.

Les parfums que nous venons de citer ne s'emploient presque jamais à l'état pur dans le parfumage des savons ; on emploie pour cela ordinairement les essences que l'on prépare soit en dissolvant les huiles essentielles dans une certaine quantité d'alcool concentré, soit en traitant pendant un certain temps les plantes d'où proviennent ces huiles avec de l'alcool, et en dissolvant ainsi les substances odorantes. La préparation des essences présente surtout un avantage dans l'emploi de certaines substances, telles que, par exemple, la vanille, la cannelle, l'ambre, le musc, etc.

On réduit ces substances en petits morceaux, on les recouvre, dans une bouteille de grandes dimensions, par de l'alcool concentré qui ne contient pas d'alcool amylique, puis on place pendant quelque temps la bouteille bien bouchée dans un endroi chaud, en la secouant assez souvent; les substances odorantes, traitées à l'alcool pendant 14 à 30 jours sont complètement dissoutes et l'on humecte les copeaux de savon avec l'essence ainsi obtenue ou bien on la mêle à la masse de savon liquide.

On parvient, en mélangeant habilement plusieurs essences, à produire une grande variété de nouveaux parfums, et par conséquent de savons parfumés. Il faut toujours, lorsqu'on emploie divers parfums pour parfumer une seule espèce de savon, doser ces parfums de manière à ce qu'aucun d'entre eux ne prédomine, mais qu'ils produisent ensemble un parfum agréable.

Dans toutes les recettes que nous indiquerons dans

le prochain chapitre, pour la préparation des savons de toilette, le dosage des parfums est combiné de façon à donner des savons d'une odeur forte; de même, le dosage des couleurs y est fait de façon à donner des savons très colorés. Si l'on désire obtenir, avec ces mêmes recettes, des savons moins parfumés ou moins colorés, on peut ajouter en proportions variables du savon blanc et non parfumé.

Nous n'indiquerons que les recettes expérimentées par nous et que nous avons reconnues bonnes.

Les savons à la rose, aux amandes amères, au néroli et aux violettes peuvent être rangés au nombre des savons les plus fins.

Les savons à l'anis, au cumin, à l'essence de Bergamote, etc, peuvent être livrés à des prix inférieurs l'on peut aussi leur communiquer un bouquet très agréable par un mélange de plusieurs parfums.

XVII. — Recettes pour la préparation des Savons de toilette.

A. Savons préparés à froid.

On prépare, par ce qu'on nomme la saponification à froid, un bon savon à la soude non caustique avec un mélange de bonne huile de coco et de graisse de porc. On passe ce savon à la raboteuse, on saupoudre les copeaux avec les couleurs, on y ajoute les essences, on mélange à la pétrisseuse, puis on estampe, on sèche et l'on imprime le savon terminé, ainsi qu'il a été dit plus haut.

Nous faisons observer que, lorsqu'on fabrique en petit, on peut parfaitement remplacer la machine à raboter par une varlope de menuisier, qui donne des copeaux très fins ; et la machine à pétrir, par le mélange intime des diverses matières en les plaçant dans un mortier en marbre ; ce dernier moyen demande, il est vrai, beaucoup plus de temps que la machine à pétrir.

Savon aux fleurs des Alpes.

Essence de citron		30 gr.
Essence de Lavande		25 »
Essence de menthe	dissoutes dans l'alcool	20 »
Essence de romarin		15 »
Essence de sauge		20 »
Essence de cannelle		10 »
Essence de coco		20 kilos
Graisse de porc	saponifiés	30 »
Savon à la soude (40 deg. B.)		25 »

Coloration par de l'Indigo et de l'acide picrique en vert.

Savon aux amandes amères.

Essence de coco		20 kilos
Graisse de porc	saponifiées	30 »
Lessive de soude (40 deg. B.)		25 »
Essence d'amandes amères . . .		350 grammes
Essence de bergamote		250 »
Essence de citron.		100 »

Ne se colore pas.

On emploie pour des savons à bon marché 500 grammes de nitrobenzol (essence de Mirbane) à la place d'huile d'amandes amères.

Savon au Benjoin.

        Savon blanc   50 kilos
        Teinture de Benjoin   4   »

Colorés en brun avec du caramel.

On prépare la teinture de Benjoin en traitant par de l'alcool une espèce fine de résine de Benjoin (Benjoin à amandes), réduite en poudre fine. Le parfum très fin du savon au Benjoin se rapproche de celui de la vanille.

Savon au musc.

        Savon de coco   20 kilos
        Savon d'huile de palme 20   »
        Savon de suif   20   »

Extrait de musc		40 gr.
Essence de bergamote	dissoutes dans	200 »
Essence de racine de girofle	de l'alcool	20 »
Essence de géranium		25 »

Coloration en brun.

On obtient l'extrait du musc en traitant par 1000 grammes d'alcool :

        Civette   100 grammes
        Potasse   100   »

Savon à la pierre ponce.

    Savon   60 kilos

Essence d'amandes amères   60 grammes
Essence de bergamote   250   »
Essence de Cassia   50   »
Essence de citron   20   »
Essence de muscade   20   »
Sable   10 kilos.

Ne se colore pas.

Le sable doit être un sable fin de rivage ; il est préférable de le laver au préalable afin de le débarrasser sûrement de parties plus grossières.

A. Savon au bouquet.

Savon   60 kilos
Essence de bergamote   500 grammes
Essence de racine de girofle 100   »
Essence de sassafras   50   »
Essence de sauge   60   »

Coloration en brun avec du caramel ou de l'ocre.

B. Savon bouquet.

Savon   60 kilos
Essence de bergamote   200 grammes
Essence de citron   50   »
Essence de racine de girofle   40   »
Essence de néroli   25   »
Essence de sassafras   80   »
Essence de cannelle   20   »

Coloration en brun comme ci-dessus ou bien en brun rouge en ajoutant la quantité nécessaire de couleur rouge, telle que du bolus fin et lavé ou aussi du rouge d'Angleterre (caput mortuum).

Savon au camphre.

Savon   60 kilos
Camphre   1200 grammes
Essence de cumin   500   »
Essence de romarin 500   »

La couleur reste blanche.

Savon au cassia.

Savon   60 kilos
Essence de bergamote 200 grammes
Essence de citron   100   »
Essence de cassia   200   »
Essence de sassafras 100   »

Coloration en jaune (par du jaune de chrome).

Savon au citron.

Savon   60 kilos
Essence de citron   400 grammes
Essence de bergamote   150   »
Essence de graminées   50   »

Coloration en jaune par du safran ou du curcuma.

Savon au coriandre.

Savon   60 kilos
Essence d'anis   50 grammes
Essence de bergamote 100   »
Essence de citron   100   »
Essence de coriandre 200   »

Coloration à volonté ou blanche.

A. *Savon de guimauve superfin.*

Savon de coco	20 kilos
Savon d'huile de palme	20 »
Savon de suif	20 »
Essence de citron	100 grammes
Essence de bergamote	50 »
Essence de lavande	400 »
Essence de néroli	100 »
Essence de menthe	20 »
Essence de verveine	50 »
Essence de cannelle	10 »

Coloration en jaune ou en rouge :

en jaune, par de la gomme gutte 200 grammes
en rouge, par du cinabre   150   »

B. *Qualité ordinaire.*

Savon et coloration comme ci-dessus, parfumé
comme suit :

Essence de lavande	80 grammes
Essence de racine de girofle	150 »
Essence d'écorce d'oranges	250 »
Essence de patchouli	40 »
Essence de cannelle	80 »

C. *Qualité moyenne.*

Savon et coloration comme ci-dessus, parfumés
par :

Essence de citron	120 grammes
Essence de cumin	100 »
Essence de menthe frisée	50 »

Essence de romarin   60   »
Essence de sauge   60   »
Essence d'aspic   300   »

Savon de fenouil.

Savon   60 kilos
Essence de fenouil 250 grammes
Essence de cumin 150   »

Coloration en blanc.

Savon de Crimée.

Savon de suif   48 kilos
Savon d'huile de palme   12   »
Teinture de Benjoin   250 grammes
Essence de lavande   70   »
Essence de racine de girofle   40   »
Essence de menthe   200   »
Essence de romarin   200   »
Essence de thym   200   »
Essence de cannelle   40   »

Coloration en rouge par du cinabre, en brun par
de l'ocre ou en noir par du noir de fumée.

Savon à l'eau de Cologne.

Savon blanc   100 kilos
Essence de néroli   200 grammes
Essence de citronelle   200   »
Essence de lavande   60   »
Essence de bergamote   100   »
Extrait de civette   30   »

Savon à la lavande.

Savon de suif	30 kilos
Savon de coco	30 »
Essence de lavande	500 grammes
Extrait d'ambre	100 »

Coloration en blanc pâle.

Savon aux mille fleurs (recette anglaise).

Suif		25 kilos
Essence de coco	saponifiés	12 »
Essence d'olives		12 »
Lessive de soude (4 deg. B.)		24 »
Essence de bergamote		160 gramm
Essence de lavande		140 »
Essence de racine de girofle		140 »
Essence de néroli		40 »
Essence de thym		40 »
Essence de cannelle		20 »

Coloration à volonté.

Savon aux mille fleurs (recette française).

Savon comme ci-dessus :

Essence de bergamote	180 grammes
Essence de cassia	20 »
Essence de citron	120 »
Essence de lavande	120 »
Essence de racine de girofle	90 »
Essence de blanc rose	20 »
Essence de patchouli	10 »
Baume du Pérou	80 »

Coloration généralement rose par de l'alcana.

Savon aux mille fleurs (recette allemande).

Savon comme ci-dessus.

Essence de bergamote	160 grammes
Essence de citron	20 »
Essence de coriandre	40 »
Essence de cassia	50 »
Essence de lavande	120 »
Essence de néroli	20 »
Essence de racine de girofle	100 »
Essence de mélisse	20 »
Essence de cannelle	10 »

Coloration en rouge clair par du cinabre.

Savon de Mirbane.

Savon blanc	100 kilos
Nitrobenzol	1 à 2 kilos.

Il se vend aussi sous le nom d'amandes amères mais on le reconnaît immédiatement en comparant son parfum à celui du véritable savon aux amandes amères.

Savon de palme.

Savon à l'huile de palme (non blanchie)	12 kilos
Savon de suif	12 »
Savon de coco	24 »
Essence de cassia	120 gr.
Essence de fenouil	60 »
Essence de cumin	140 »
Essence de lavande	160 »
Essence de sassafras	140 »

Coloration en rouge éclatant par du cinabre.

Savon au patchouli.

Savon blanc   50 kilos
Essence de patchouli 320 grammes
Essence de santal   80   »
Essence de vétiver   50   »

Savon à la rose, première qualité.

Savon de coco   24 kilos
Savon de suif   35   »
Essence de rose   160 grammes
Essence de bergamote   80   »

Coloration en rouge par du cinabre, de l'alkana ou de la cochenille.

Savon à la rose, seconde qualité.

Savon de coco   60 kilos
Essence de bergamote   160 grammes
Essence de géranium   160   »
Teinture de musc   40   »
Essence de rose   30   »
Essence de sassafras   20   »

Coloration comme ci-dessus ; l'alkana s'emploie toujours pour le rouge pourpre foncé.

Savon blanc à la rose

Savon de coco   60 kilos
Teinture d'ambre   20 grammes
Essence de cassia   50   »
Essence de géranium   300   »
Essence de racine de girofle 80   »
Teinture de musc   20   »
Essence de rose   100   »

Reste blanc.

Savon aux fleurs d'orangers.

Savon de coco	30 kilos
Savon de suif	30 »
Essence de néroli	100 grammes
Essence de géranium	20 grammes

Reste blanc.

Savon à la vanille.

Beurre de cacao	saponifiés	5 kilos
Graisse de porc		30 »
Essence de coco		15 »
Lessive de soude		26 »
Teinture d'ambre		100 gram.
Essence de lavande		150 »
Teinture de musc		100 »
Baume du Pérou		1500 »
Vanille		100 »

Coloration en brun par 2 à 3 kilogrammes de cacao.

Savon à la vanille ordinaire.

Savon blanc	100 kilos
Baume du Pérou	500 grammes
Benjoin	500 »

Savon à la violette.

Savon de coco	24 kilos
Savon de suif	24 »
Savon à l'huile de palme	12 »
Essence de citron	300 grammes
Teinture de musc	300 »

Essence de sassafras   300   »
Racine de violette en poudre 500   »

Coloration en violet par de l'alkana et du carmin d'Indigo.

I. — *Savon de Windsor* (blanc).

Savon de coco   30 kilos
Savon de suif   30   »
Essence de citron   40 grammes
Essence de fenouil   120   »
Essence de cumin   250   »
Essence de lavande   250   »
Essence de racine de girofle 200   »

Reste blanc.

II. — *Savon de Windsor* (rouge).

Savon comme le précédent.

Essence de cassia   200 grammes
Essence de fenouil   200   »
Essence de cumin   200   »
Essence de lavande   180   »
Essence de sassafras   150   »
Essence de cannelle   40   »

Coloration en rouge vif.

III. — *Savon de Windsor* (recette anglaise).

(Windsor soap).

Savon de suif   100 kilos
Savon de coco   150 »
Savon d'huile de palme   50 »

Essence de lavande   2 »
Essence de girofle   100 grammes

Coloration en rouge avec du rouge d'Angleterre.

IV. — *Savon de Windsor* (brun).

Savon comme le précédent.

Essence de cassia	100 grammes
Essence de coriandre	50 »
Essence de fenouil	70 »
Essence de cumin	200 »
Essence de lavande	300 »
Essence de sassafras	200 »

Coloration en brun par 5 à 6 litres de cacao.

Savon à la cannelle.

Savon de coco	30 kilos
Savon à l'huile de palme	15 »
Savon de suif	15 »
Essence de bergamote	100 grammes
Essence de cassia	500 »
Essence de sassafras	100 »

Coloration en jaune brun par du caramel.

Savon normal.

On peut aussi parfaitement employer une seule espèce de savon, que nous désignons par « savon normal », pour préparer tous les savons que nous venons d'énumérer et en général tous les savons à froid. Nous en donnons ci-après la composition.

On mêle à une température aussi basse que possible :

Essence de coco, première qualité.   400 kil.
Essence de palme (blanchie).   20 kil.
Résine de pin (jaune clair).   10 kil.
Essence d'olives (pâle).   80 kil.
Suif épuré.   50 kil.

Puis on saponifie ce mélange par un brassage prolongé avec 280 kilos de lessive de soude à 40 degrés B.

On verse la masse de savon ainsi obtenue dans de petits moules, de façon à obtenir des blocs de 50 à 60 kilos et on la colore en même temps. Ce procédé a l'avantage de produire toujours un savon de qualité égale ; on n'a plus qu'à le réduire en copeaux, à le parfumer et à le pétrir pour obtenir le genre de savon désiré.

Nous avons seulement décrit les procédés employés pour obtenir un certain nombre de savons de toilette, qui se trouvent partout dans le commerce ; nous ajoutons encore qu'il est facile d'utiliser pour la fabrication des savons parfumés, tous les corps odorants dont on fait usage dans la parfumerie. Le procédé à froid se prête tout particulièrement à la préparation des savons dont les parfums très volatils ne supporteraient pas la chaleur, comme ce serait, par exemple, le cas du réséda, du véritable parfum de violette, etc.

On fait du reste bien, en faisant usage de parfums ausi délicats, de leur ajouter une certaine quantité de teinture d'ambre ou de musc, moins pour le parfum lui-même de ces substances que pour leur propriété de fixer les parfums.

B. — *Savons de toilette obtenus par refonte.*

Ce procédé est actuellement assez démodé et n'est plus guère employé que pour la fabrication des savons qui doivent être livrés à des prix inférieurs. On choisit une bonne sorte de savon quelconque, mais qui soit d'un blanc assez pur et qui n'ait aucune mauvaise odeur; on fond ce savon avec de l'eau en quantité suffisante, pour qu'en refroidissant, il présente à l'essai, la consistance voulue.

On moule ce savon, on y ajoute le parfum et la couleur que l'on mélange aussi intimement que possible à la masse par un brassage très prolongé. Depuis que l'emploi du savon de coco à la soude, qui se prépare facilement à l'état très pur à froid, s'est généralisé, et surtout depuis que l'on possède des moyens mécaniques pour la fabrication des savons, la fabrication des savons de toilette par refonte devient de plus en plus rare.

Le procédé reste cependant en certaine faveur auprès des petits fabricants, car il leur permet de produire des savons de toilette à bas prix sans nécessiter absolument l'emploi de moyens mécaniques nécessaires à la saponification à froid et à la parfumerie.

Savon à la pierre ponce.

Savon   60 kilos
Poudre de ponce lavée   24 »
Essence de bergamote   150 grammes
Essence de citron   40 »
Essence de thym   40 »

A. Savon au citron.

Savon   60 kilos
Essence de bergamote   100 grammes
Essence de citron   500 »
Essence de Portugal   50 »
Extrait de verveine   50 »

Coloration en jaune citron par du curcuma.

B. Savon au citron.

Savon   60 kilos
Essence de bergamote   250 grammes
Essence de citron   260 »
Essence de graminées   40 »
Extrait de patchouli   40 »

Même coloration que ci-dessus.

Savon à la frangipane.

Savon   60 kilos
Essence de néroli   40 grammes
Essence de bois de santal   100 »
Extrait de vanille   50 »
Essence de vétiver   40 »
Civette   20 »
Essence de cannelle   30 »

Coloration en brun par du cacao ou du caramel.

Savon au miel.

Savon	50 kilos
Amidon	10 »
Solution de soude	2 »
Extrait d'ambre	200 grammes
Essence de lavande	50 »
Extrait de musc	50 »
Essence de cannelle	20 »

Coloration en jaune de miel par du caramel.

Savon aux herbes.

Savon	60 kilos
Amidon	20 »
Soude	1 »
Essence de bergamote	500 grammes
Essence de cassia	200 »
Essence de lavande	100 »
Essence de massis (2)	40 »
Essence de menthe	100 »
Essence de romarin	50 »

Coloration en bleu par du carmin d'indigo.

Savon aux mille fleurs.

Savon	60 kilos
Essence de bergamote	20 grammes
Essence de citron	20 »
Essence de néroli	30 »
Extrait de musc	30 »
Baume du Pérou	20 »
Essence de patchouli	20 »

Essence de thym   40   »
Essence de cannelle   2)   »

Coloration en rose.

A. Savon au musc.

Savon   60 kilos
Essence de bergamote   100 grammes
Essence de citron   50   »
Teinture de musc   200   »

B. Savon au musc.

Savon   60 kilos
Extrait d'ambre   50 grammes
Essence de bergamote   50   »
Essence de citron   40   »
Teinture de musc   100   »
Essence de Portugal   40   »

Coloration pour les deux qualités en brun clair.

A. Savon à la rose.

Savon   60 kilos
Essence de bergamote   100 grammes
Essence de cassia   20   »
Essence de racine de girofle 50 »
Essence de rose   50   »

Coloration en rose par de la cochenille.

B. Savon à la rose (savon à la rose mousse).

Savon   60 kilos
Essence de cassia   20 grammes
Teinture de musc   20   »
Essence de racine de girofle 40 »

Essence de géranium	60	»
Essence de santal	30	»

Coloration en rouge pâle.

Savon au patchouli

Savon	60 kilos	
Extrait d'ambre	20 grammes	
Extrait de musc	20	»
Essence de patchouli	100	»
Essence de santal	40	»
Essence de vétiver	30	»

Coloration en brun par du caramel.

Savon à la violette.

Savon	60 kilos	
Racine de violette	5	»

Coloration en violet.

Observation : La racine de violette doit être réduite en poudre très fine et cette poudre mélangée intimement au savon par un brassage prolongé.

Savon à la cannelle.

Savon	60 kilos	
Essence de cassia	500 grammes	
Essence de macis	50	»
Essence de patchouli	20	»

Coloration en brun cannelle.

C. Savons de toilette préparés par saponification.

Cette opération, dans laquelle la coloration et le parfumage des savons se fait en même temps que la saponification, est actuellement presque aussi rarement en usage que la méthode par refonte. Ce procédé ne permet pas d'introduire dans le savon des parfums fins et volatils, car le savon est encore tellement bouillant, au moment même où les parfums devraient lui être mélangés, c'est-à-dire au moment où le savon commence à s'épaissir, que la majeure partie des parfums s'évaporerait. On ne se sert par conséquent que de parfums peu volatils et l'on retarde leur addition à la masse de savon, jusqu'à ce que celui-ci soit suffisamment refroidi pour qu'il se forme en peu de temps une seconde croûte de savon lorsqu'on brise la première couche refroidie. On remue alors activement la masse avec la spatule, on lui ajoute les parfums et l'on brasse tant qu'il est encore possible de le faire. Quant aux couleurs, on les ajoute de préférence sitôt après avoir versé le savon dans les moules.

Nous indiquons ci-après quelques formules seulement pour la préparation de savons de toilette par ce procédé, qui de fait ne convient qu'à un petit nombre de parfums et ne donne que des produits ordinaires et à très bas prix.

Savon aux amandes.

Savon à l'huile de coco	100 kilos
Savon à l'huile de palme	100 »
Savon de suif	100 »

| Nitrobenzol | 300 grammes |
| Essence de bergamote | 200 » |

Coloration en blanc ou en rouge pâle.

Savon de sable.

Savon à l'huile de coco	150 kilos
Savon de suif	150 »
Sable blanc de rivière	100 »
Essence de cassia	100 grammes
Essence de cumin	150 »
Essence de lavande	200 »
Essence de thym	100 »

Coloration en blanc ou en brun.

Savon de Windsor.

Savon à l'huile de coco	200 kilos
Savon à l'huile de palme	100 »
Savon de suif	100 »
Essence de cassia	100 grammes
Essence de lavande	80 »
Essence de néroli	50 »
Essence de racine de girofle	50 »
Essence de Portugal	100 »

Coloration en blanc ou en brun.

XVIII. — Spécialités de savons de toilette.

Toute industrie bien développée a naturellement ses spécialités. Elles sont le résultat des efforts individuels des fabricants cherchant à élever leurs produits au-dessus de l'ordinaire que chaque fabricant peut atteindre et à livrer une marchandise spéciale à leur fabrique. Il est évident que ces spécialités, lorsqu'elles sont bonnes, sont bientôt perfectionnées et développées par d'autres fabricants et qu'elles tombent en peu de temps dans le domaine public de cette branche d'industrie.

On remarque un grand nombre de ces spécialités dans l'industrie des savons de toilette, qui produit beaucoup d'articles de luxe et dans laquelle les produits nouveaux sont payés à des prix très élevés. Ces spécialités de savons forment en quelque sorte un trait d'union entre la fabrication des savons et la parfumerie, mais ils rentrent cependant sans aucun doute, au point de vue chimique, dans le domaine du fabricant de savon.

Ces spécialités sont : la poudre de savon, les boules de savon, les savons transparents, les savons de glycérine, les savons mousseux, les savons à barbe (à raser) et les savons liquides dits aussi « émulsions ».

Tout fabricant devrait produire et avoir en magasin ces spécialités complètement finies, car ces articles de luxe sont d'un grand rapport et d'une fabrication assez facile.

A. — *Poudre de savon.*

Il faut choisir, pour fabriquer cette poudre, un savon assez dur, contenant peu d'eau et bien saponifié, c'est-à-dire contenant *le moins possible* d'alcali libre. Cette dernière condition est très importante, car la poudre de savon étant généralement employée par les dames, comme moyen de propreté, un excès d'alcali produirait une action trop énergique sur la peau.

Pour produire une quantité un peu importante de poudre de savon, on se sert de la machine à pétrir dont on rapproche les cylindre de telle façon que le savon, préalablement coloré et parfumé, soit transformé en rubans d'environ 1 millimètre d'épaisseur, soit de la force de fort papier-cartes.

On place ces rubans sur des planches bien rabotées, on les porte dans l'étuve et on les sèche jusqu'à ce qu'ils se brisent facilement et puissent être écrasés entre les mains sans adhérer à la peau. On pulvérise ce savon une fois sec, dans des mortiers en marbre puis on le passe par des tamis métalliques à mailles serrées disposés les uns au-dessus des autres et de façon à ce que leurs tissus soient de plus en plus serrés à partir de la rangée supérieure.

On passe de nouveau au mortier la poudre plus grossière qui reste dans le dernier tamis.

Il faut parfumer un peu plus fortement que les autres, les savons destinés à être vendus en poudre, parce qu'à la suite du séchage énergique qu'on est obligé de leur faire subir dans ce but, une partie de leur parfum se volatilise ; on peut aussi laisser tomber une goutte de l'huile essentielle, formant la base du parfum, dans le local où ce savon doit être conservé (boîtes en carton, en porcelaine, etc.).

Les savons en poudre ont la propriété d'attirer énergiquement l'eau contenue dans l'air; ils gonflent alors et perdent complètement leur aspect pulvérulent. Il faut par conséquent avoir soin de conserver cette poudre de savon, lorsqu'on ne l'empaquette pas immédiatement pour la vente, dans de grandes boîtes en fer-blanc bien fermées ou dans des flacons en verre bouchés à l'émeri.

Beaucoup de fabricants mélangent leur poudre de savon, dans le but d'en augmenter le poids, avec de l'amidon ou de la stéatite en poudre; mais cela ne doit pas avoir lieu pour de bonnes qualités.

Un savon en poudre bien préparé doit très rapidement former une forte écume au contact de l'eau et se dissoudre dans peu d'eau en formant un liquide parfaitement limpide; il va de soi que ce ne sera pas le cas pour des poudres mélangées d'amidon, de stéatite ou de matières colorantes insolubles. Ces savons conviennent parfaitement pour faire la barbe (poudres à raser) à cause de leur facilité à se réduire en écume au contact de l'eau.

B. — *Boules de savon.*

Les boules de savon, auxquelles leur forme commode et jolie donne une grande vogue, peuvent se faire avec n'importe quel savon; cependant on emploie généralement des savons marbrés. On fabrique aussi des boules transparentes, depuis que la fabrication de savons transparents est devenue courante.

Le moulage du savon en boules peut s'opérer au moyen d'une estampeuse et dans ce cas les moules doivent avoir la forme de deux hémisphères s'adaptant exactement l'une sur l'autre. Les boules estampées présentent toujours une couture qu'il faut enlever; ce bourrelet de savon se forme toujours, malgré tout le soin qu'on a pu mettre à la confection des moules, à l'intersection des deux hémisphères.

Cette opération étant assez longue, on opère généralement à la main le moulage de la boule en se servant du *couteau à peloter.*

Ce couteau fixé à un manche est formé d'un anneau tranchant à sa partie antérieure. On pétrit à la main un morceau de savon, en lui donnant une forme arrondie, s'approchant de celle que l'on veut donner à la boule ; on pose ce morceau sur le couteau et, en le tournant sur le tranchant, on lui enlève le savon en excès, de façon à former une boule d'un diamètre égal à celui de l'anneau découpeur. Avec un peu d'exercice on arrive à acquérir une grande dextérité dans le maniement du couteau et à fabriquer en peu de temps un grand nombre de boules de savon. Le savon destiné à être moulé en boules, doit être assez sec pour que l'on puisse en détacher des copeaux bien nets sans qu'il reste du savon attaché au couteau.

Les fabricants ne se sont pas contentés de donner aux savons la forme d'une boule, ils ont encore pris l'habitude de ne donner que cette forme seulement à certaines sortes de savons parfumés d'une certaine manière. Nous indiquons, pour cette raison, ci-après, les meilleurs d'entre ces mélanges de savon, de couleurs et de parfums que l'on trouve dans le commerce sous forme de boules.

Recettes de boules de savon parfumées.

On additionne ordinairement les savons destinés à être transformés en boules, de 1 1/2 à 2 pour cent d'amidon, l'on fait bien d'ajouter l'amidon pendant la cuisson et avant le parfumage, pendant laquelle l'amidon passe à l'empois en se combinant avec une forte proportion d'eau et donne au savon une certaine transparence. On fait généralement usage d'un savon qui reste ferme malgré la présence de beaucoup d'eau et surtout de savon de coco ; ce savon s'emploie soit seul, soit en mélange avec d'autres sortes de savon. Le savon normal, dont nous avons parlé précédemment, convient aussi bien à la préparation de boules de savon.

Lors de la préparation de boules marbrées, on doit choisir autant que possible un marbrage distinct et qui ressorte bien ; en ce qui concerne les boules d'une seule couleur, on doit chercher à leur donner un beau brillant par un choix de couleurs bien pures.

Quant au boules de savon transparentes, il va de soi que le choix des couleurs doit porter sur des substances solubles seulement. On donne un brillant aux boules de savon en les plongeant dans de l'alcool, en les laissant sécher à moitié, puis en les frottant avec de la flanelle jusqu'à ce qu'elles soient sèches et brillantes. On les conserve dans des bocaux bien fermés afin qu'à la suite d'un séchage trop fort, elles ne perdent pas leur brillant et leur surface unie.

Boules de savon à l'ambre.

Savon	60 kilos
Amidon	10 »
Extrait d'ambre	80 grammes
Extrait de musc	20 »

Coloration à volonté, ordinairement en rose.

Dans les recettes suivantes, le savon employé est toujours le même que ci-dessus, en ce qui concerne sa qualité et sa quantité (savon 60 kilos, amidon 10 kilos). Nous le désignerons sous le nom de *Base*.

Boules de savon à l'huile de Bergamote.

Base	70 kilos
Essence de bergamote	400 grammes
Essence de citron	50 »
Essence de géranium	20 »
Essence de Portugal	50 »

Coloration en jaune pâle.

Boules de savon au citron.

Base	70 kilos
Essence de bergamote	100 grammes
Essence de citron	300 »
Essence de graminées	50 »
Essence de Portugal	50 »

Coloration en jaune citron.

Boules de savon à la Frangipane.

Base	70 kilos
Essence d'anis	50 grammes
Essence de bergamote	40 »
Essence de citron	70 »
Essence de géranium	30 »
Essence de lavande	80 »
Essence de girofle	20 »
Essence de néroli	30 »
Essence de cannelle	20 »

Coloration en rouge.

Boules de savon au jasmin.

Base	70 kilos
Essence de géranium	50 grammes
Essence de jasmin	100 »
Essence de néroli	50 »

Ne se colore pas.

Boules de savon à la lavande.

Base	70 kilos
Essence de géranium	40 grammes
Essence de lavande	150 »

Essence de macis	20	»
Essence de romarin	50	»
Essence de cannelle	20	»

Coloration en bleu.

Boules de savon napolitain.

Base	70 kilos	
Essence d'anis	40 grammes	
Essence de bergamote	60	»
Essence de fenouil	40	»
Essence de géranium	20	»
Essence de lavande	50	»
Essence de myrthe	50	»
Essence de néroli	50	»
Essence de menthe	50	»
Essence de Portugal	50	»
Essence de romarin	50	»

Coloration en vert.

Boules de savon au girofle.

Base	70 kilos	
Essence d'amandes amères	40 grammes	
Essence de citron	50	»
Essence de muscade	20	»
Essence de racine de girofle	80	»

Coloration en brun.

Boules de savon au musc.

Base	70 kilos	
Essence d'anis	80 grammes	
Extrait d'ambre	50	»

Extrait de musc   150   »
Essence de romarin   50   »

Coloration en brun.

Boules de savon à l'orange.

Base   70 kilos
Essence d'amandes amères   50 grammes
Essence de cassia   50   »
Essence de citron   150   »
Essence de jasmin   20   »
Essence de néroli   40   »

Coloration en rouge orange (rouge et jaune).

Boules de savon à la rose.

Base   70 kilos
Extrait d'ambre   80 grammes
Essence d'amandes amères   60   »
Essence de géranium   150   »
Essence de graminées   50   »
Extrait de musc   80   »
Essence de romarin   40   »
Essence de cannelle   40   »

Coloration en rose.

Boules de savon de Chiras.

Base   70 kilos
Extrait d'ambre   50 grammes
Essence d'anis   20   »
Essence de bergamote   20   »
Essence de citron   40   »
Essence de marjolaine   20   »

Extrait de musc	50	»
Essence de girofle	20	»
Essence de néroli	30	»
Essence de Portugal	80	»
Essence de bois de rose	50	»
Essence de genièvre	20	»
Essence de cannelle	20	»

Coloration en rose.

Boules de savon à la vanille.

Base	70 kilos	
Extrait d'ambre	40 grammes	
Essence de graminées	20	»
Extrait de musc	20	»
Extrait de vanille	250	»

Coloration en brun.

Boules de savon à la cannelle.

Base	70 kilos	
Extrait d'ambre	40 grammes	
Essence de cassia	150	»
Extrait de musc	40	»

Coloration en brun cannelle.

C. — Savons transparents.

On peut par un procédé que nous décrirons exactement plus loin, rendre le savon extrêmement translucide et même transparent, à tel point qu'il ressemble à du verre.

Tandis que les savons ordinaires ont une texture

plus ou moins cristalline et sont par conséquent opaques, la texture des savons transparents est complètement amorphe, c'est-à-dire pas du tout cristalline ; ces savons laissent passer la lumière sans l'éparpiller et sont par conséquent transparents.

Les savons durs au suif, ou des savons de résine de bonne qualité, se prêtent tout particulièrement à la fabrication des savons transparents. En pratique on les distingue en savons transparents durs et savons transparents mous ; ces derniers se préparent par un procédé spécial qui sera décrit plus loin.

1. — *Savons transparents durs.*

Le savon se dissout facilement dans de l'alcool concentré. On obtient un savon d'une transparence parfaite en faisant dissoudre dans de l'alcool concentré un savon très sec, c'est-à-dire anhydre puis en faisant évaporer lentement la solution limpide préalablement colorée et parfumée. Tout simple que paraisse être ce procédé, il présente cependant certaines difficultés qui, pour un fabricant inexpérimenté, sont des obstacles insurmontables. En fabricant d'après le procéds suivant, expérimenté à plusieurs reprises par nous-mêmes, on obtiendra sûrement et dans tous les cas un produit satisfaisant.

On choisit un bon savon dur granulé au suif, que

l'on transforme en poudre suivant le procédé décrit plus haut ; on sèche cette poudre autant que faire se peut et on la verse encore chaude dans un récipient en tôle étamée que l'on puisse fermer, muni d'un mélangeur mécanique et disposé de façon à pouvoir être chauffé au bain-marie. On verse sur ce savon de l'alcool à 80 % et l'on chauffe au bain-marie en remuant constamment jusqu'à ce que la masse commence à cuire. On prolonge pendant plusieurs minutes la cuisson, pendant laquelle le savon se dissout dans l'alcool en formant une masse filante, pareille à de l'empois d'amidon. On met alors l'agitateur en marche et on laisse refroidir lentement pendant plusieurs heures l'eau du bain-marie.

Tous les corps étrangers flottants dans les savons se déposent pendant ce temps au fond et la solution concentrée de savon devient complètement claire.

On décante, en inclinant avec précaution le récipient, le savon encore liquide dans un petit moule dans lequel on a mis à l'avance la quantité voulue de parfums et de couleurs (celles-ci doivent naturellement être solubles): on mélange intimement en brassant fortement et on verse ensuite, à l'aide d'une cuillère, le mélange dans les moules où la masse se refroidit. On donne généralement à ces moules la forme de prismes arrondis à leurs angles ou celle d'une boule.

On sèche enfin complètement les morceaux de

13.

savon dans l'étuve. Les savons transparents, une fois secs, ont une apparence mate et sans éclat, provenant de ce que leur surface est recouverte d'une fine poussière. Pour les rendre brillants et transparents, on les plonge dans de l'alcool concentré, puis on les frotte avec de la flanelle jusqu'à ce qu'ils soient complètement secs. On donne à ces savons une beauté toute spéciale en employant pour leur dissolution, de l'alcool contenant les matières colorantes déjà dissoutes à l'avance. Les couleurs d'aniline se prêtent tout spécialement à cela, étant toutes facilement solubles dans l'alcool et donnant des nuances très vives.

Les savons transparents sont au nombre des produits les plus beaux que les fabricants de savon puissent produire, mais ils ont le désavantage d'avoir une grande dureté par suite de leur faible teneur en eau et de mousser par conséquent difficilement. On obvie à cet inconvénient en prenant pour masse fondamnetale un savon déjà mou par lui-même.

2. — *Savons transparents mous.*

On prépare pour produire ce genre de savons un savon mou en saponifiant 100 kilos d'huile d'olives et 50 kilos de graisse de porc, par 100 kilos de lessive de potasse à 20 degrés B., puis l'on évapore le savon obtenu, après addition de 200 kilos de lessive jusqu'à ce qu'il ait la consistance d'un bon savon mou. Le savon ne moussant pas beaucoup, on lui ajoute pendant qu'il est encore liquide, 4 à 8 pour cent de savon de coco. Pour transformer ce savon en savon transparent, on le traite de la même manière que nous l'avons dit pour les savons transparents durs. On obtient finalement un savon transparent unissant une transparence parfaite à une solubilité dans l'eau très facile.

Nous avons obtenu les meilleurs résultats en faisant un mélange de savon de suif granulé dur (à la soude) et de savon tout à fait mou à l'huile d'olives (à la potasse). On obtient ainsi un savon transparent en même temps assez dur, facilement soluble et bien mousseux.

D. — Savons de glycérine.

La glycérine convient admirablement à la fabrication des savons de toilette par suite de l'action favorable qu'elle exerce sur la peau qu'elle rend souple et blanche; cette substance filante et semblable à du verre fondu est actuellement un sous-produit de la fabrication des bougies de stéarine et forme un article de commerce.

La fabrication des savons de glycérine peut se faire de deux manières. Ou bien en fondant, avec beaucoup de précautions, le savon au bain-marie en ajoutant le moins possible d'eau, en y ajoutant en remuant, une certaine quantité de glycérine et en laissant figer la masse; mais par ce procédé, on n'obtient qu'un savon très translucide et jamais tout à fait transparent.

Ou bien en procédant, comme pour la fabrication des savons transparents, avec de l'alcool, en modifiant toutefois le procédé en ce que le récipient qui sert à dissoudre le savon dans l'alcool est muni d'un tuyau de décharge et que l'on ajoute la glycérine lorsque la solution est terminée et qu'enfin on distille la majeure partie de l'alcool en le faisant refroidir dans un réfrigérant spécial.

Les savons obtenus par cette dernière méthode sont très brillants et parfaitement transparents.

Savons de glycérine par saponification directe.

On peut obtenir en traitant directement les matières premières, un savon de glycérine assez transparent et que l'on peut livrer au commerce à de très bas prix, par suite de la simplicité des manipulations.

On fond un mélange de 80 kilos de suif, 40 kilos d'huile de coco et 80 kilos de graisse de porc, auquel on ajoute peu à peu en remuant sans cesse une lessive très concentrée (40 degrés B.), composée de 90 kilos de lessive de soude et de 10 kilos de lessive de potasse. On ajoute encore au savon terminé 12 à 20 kilos de glycérine épaisse, tout en remuant, puis on porte aux moules.

Les couleurs et les parfums ont été préalablement dissous dans la glycérine.

Savons de glycérine par méthode liquide

Le savon s'obtient en faisant dissoudre 100 parties de savon mou dans un mélange de 50 parties d'eau et de 50 parties d'alcool, puis en ajoutant à la solution 100 parties de glycérine préalablement parfumée. Le savon obtenu par ce procédé est d'une belle couleur de miel ; on peut aussi le colorer à volonté en ajoutant des matières colorantes, soit à la glycérine, soit à l'alcool dans lequel on fait dissoudre le savon.

On obtient un bon savon de glycérine en saponifiant de l'oléine par une lessive de potasse concentrée, en ajoutant trois fois autant de glycérine qu'il y a d'oléine et en mélangeant avec 10 pour cent de solution de potasse, mais il faut maintenir le savon ainsi obtenu à l'état liquide pendant deux ou trois jours, afin que toutes les substances qui le troublent puissent se déposer ; on décante ensuite le savon devenu clair, puis on le parfume et le colore à volonté.

E. — Savons mousseur.

Ce genre de savon se distingue par son très faible poids et par son grand nombre de bulles d'air. On le prépare en mélangeant au savon une grande quantité d'air, ce qui se fait de la manière suivante :

On fond dans une chaudière très vaste un savon granulé au suif, bonne qualité, que l'on peut à volonté colorer et parfumer, en ajoutant assez d'eau pour former une masse qui se solidifie encore bien par le refroidissement. On laisse refroidir cette masse dans la chaudière, jusqu'à ce qu'elle devienne filante, puis on la bat jusqu'à ce qu'elle se transforme en une mousse épaisse. On se sert pour ce battage ou mélange avec l'air, d'un appareil semblable à celui qui sert à battre le blanc d'œuf en neige et qui se compose principalement d'un arbre muni d'allonges recourbées et que l'on peut faire tourner rapidement au moyen d'un pignon.

En faisant tourner cet appareil dans la masse de savon, cette dernière se met bientôt à mousser; on continue l'opération jusqu'à ce que tout le savon soit transformé en écume que l'on verse dans les moules pour l'y laisser complètement solidifier.

Par suite de sa nature poreuse, le savon mousseux possède une grande surface, se dissout facilement dans l'eau et s'emploie surtout dans la préparation des *savons à raser*. Conservés un temps un peu long, ces savons se dessèchent beaucoup et se raccornissent fortement.

On obvie à cet inconvénient en les entourant d'une enveloppe destinée à empêcher l'évaporation de l'eau, d'une feuille d'étain mince par exemple. L'étain convient du reste parfaitement à l'emballage des savons de toilette, car il empêche l'évaporation de l'eau et la volatilisation des parfums, il se plaque facilement sur le morceau de savon et conserve, en un mot, pendant plusieurs années, au savon son parfum, sa couleur et son éclat.

Savon mousseux au bouquet.

Savon de sui	100 kilos
Eau	50 »
Essence de bergamote	300 grammes
Essence de cassia	30 »
Essence de citron	50 »
Essence de lavande	200 »
Teinture de musc	100 »
Essence de girofle	100 »

Coloration à volonté.

Savon mousseux aux fleurs.

Savon de suif	50 kilos
Savon d'huile	50 »
Eau	50 »
Essence d'anis	40 grammes
Essence de bergamote	100 »
Essence de citron	50 »
Essence de graminées	30 »
Essence de macis	40 »
Essence de Portugal	50 »
Essence de Thym	100 »
Essence de vétiver	50 »
Essence de cannelle	30 »

Coloration en rouge vif.

Savon mousseux à la rose.

Savon de suif	50 kilos
Savon de coco	50 »
Eau	50 »
Essence de bergamote	30 grammes
Essence de géranium	100 »
Essence de graminées	50 »
Teinture de musc	40 »
Essence de santal	50 »
Teinture de civette	20 »

Coloration en rose.

F. — *Savons à barbe.*

Les savons à raser doivent tout particulièrement donner en peu de temps une mousse
qui tienne longtemps et adoucir le poil. D'après
l'expérience acquise, les savons de potasse valent
pour cela beaucoup mieux que les savons à la
soude, ces derniers formant, même s'ils sont très
aqueux, une solution plutôt pâteuse que fortement
mousseuse. Un excès de lessive ne gêne en rien
dans ces savons à raser mous et à la potasse ; elle
rend au contraire le savon plus apte à remplir le
but qu'on se propose, car l'alcali attaque et amollit
fortement la substance cornée du poil, de sorte que
si on laisse pendant quelques minutes le savon en
contact avec la peau, le rasoir risque moins de
faire sauter le poil de la barbe.

Les savons à barbe s'emploient soit à l'état de

savons solides, soit à l'état de « pâte à raser » soit
encore à l'état liquide, c'est-à-dire en solution. On
obtient une masse, très bonne pour la préparation
des savons à barbe, que la plupart du temps on
parfume et l'on colore faiblement en rouge, en saponifiant 90 parties de suif épuré, 10 parties d'huile
de coco première qualité pour une lessive composée de 80 parties de lessive de soude et 20 parties
de lessive de potasse.

L'addition d'huile de coco provoque tout particulièrement la formation d'une grande quantité de
mousse.

Pâte à raser.

Savon	10 kilos
Alcool	50 grammes
Essence d'amandes amères	60 »
Essence de bergamote	40 »
Essence de macis	20 »
Essence de girofle	20 »

On fond le savon avec assez d'eau pour qu'il
forme encore après refroidissement une pâte tendre, puis on le passe à plusieurs reprises à la machine à pétrir, ou bien on le triture un certain
temps dans un mortier en marbre.

Il est nécessaire de faire subir cette trituration
au savon pour lui donner cette belle apparence
nacrée qu'on aime à trouver dans toute marchandise de bonne qualité.

A. *Savon à raser liquide.*

Savon blanc	10 kilos
cool	20 »
Eau de fleurs d'oranger	30 »

On fond le savon, à température aussi basse que possible, avec une partie de l'eau en fleurs d'oranger, puis on ajoute le reste de celle-ci avec l'alcool, dès que la solution est complète ; on laisse reposer le tout en vase clos pendant plusieurs heures, puis on met en bouteilles. Quelques fabricants recommandent de filtrer le savon ; mais on peut éviter cette manipulation très longue en n'employant que des matières premières très pures et en laissant quelque temps au repos le produit terminé.

B. *Savon à raser liquide.*

Savon blanc	10 kilos
Essence d'amandes (grasse)	1 »
Alcool	5 »
Eau de roses	5 »
Teinture d'ambre	100 grammes
Teinture de benjoin	100 »

On procède pour ce savon comme pour le précédent ; on peut aussi le colorer en rouge pâle par de la teinture d'alkana ou de cochenille.

G. — *Émulsion.*

Au point de vue chimique, les émulsions ne sont

pas, à proprement parler, des savons, mais les remplacent seulement ; elles sont principalement composées d'huiles grasses, surtout d'huile d'amandes fraîchement pressées, mélangée d'une petite quantité de savon, de glycérine et d'un peu de solution de potasse. Les émulsions contiennent la graisse très divisée en fines petites gouttes ; elles ont sur les savons l'avantage de ne pas contenir d'alcali libre et sont par conséquent le moyen de lavage le plus doux ; on les emploie spécialement pour laver les parties les plus délicates de la peau.

On prépare les émulsions en mélangeant ensemble toutes les matières premières auxquelles on ajoute ensuite l'huile grasse, en remuant continuellement ; cela se fait à basse température (en entourant le récipient de glace), parce que à température plus élevée, la graisse ne se combine plus avec les autres substances. On ne colore en général pas les émulsions, ou tout au moins ne leur donne-t-on qu'une coloration pâle ; on emploie pour les parfumer, des parfums très fins et nous recommandons de faire surtout usage d'huiles essentielles françaises, telles que l'huile de palme rose, l'huile de jasmin, l'huile de violette. Les émulsions sont en quelque sorte la transition entre les savons proprement dits et les cosmétiques.

Émulsion aux amandes amères.

Savon mou blanc	100 grammes
Savon de sucre blanc	50 »

Glycérine	50	»
Essence d'amandes amères	20	»
Essence de bergamote	40	»
Essence de cassia	10	»
Essence de girofle	10	»
Essence de macis	5	»
Essence d'amandes grasse	4 kilog.	

Emulsion au jasmin.

Savon mou blanc	100	grammes
Sirop de sucre blanc	50	»
Glycérine	50	»
Essence de jasmin	50	»
Essence d'amandes grasse	4 kilos	

Emulsion à la rose.

Savon mou blanc	100	grammes
Sirop de sucre blanc	100	»
Glycérine	50	»
Essence de géranium	80	»
Essence de santal	20	»
Essence d'amandes grasse	4 kilos	

Coloration en rose pâle.

Emulsion à la violette.

Savon mou blanc	100	grammes
Sirop de sucre blanc	100	»
Glycérine	50	»
Essence de violettes	60	»
Essence d'amandes grasse	4 kilos	

Coloration en violet pâle.

XIX. — Analyse des savons.

Une analyse exacte du savon ne peut être faite que par un chimiste et n'entre par conséquent pas dans le domaine du fabricant. Il est du reste rare que ce dernier soit appelé à en faire une. Il ne s'agit généralement pour lui, dans une analyse de savon, que de déterminer certaines proportions et principalement la quantité d'eau des alcalis et des acides gras contenus dans un savon, ainsi que de connaître la nature et la quantité des matières employées à son mouillage. *S'agit-il d'imiter exactement un échantillon de savon* ? le fabricant arrivera généralement à ses fins par toute une série d'essais pratiques. Mais il obtiendra certainement beaucoup plus vite et plus sûrement le résultat voulu, s'il veut se donner la peine de rechercher les proportions dont nous venons de parler.

Ces proportions une fois établies, il composera une cuite d'essai en calculant les doses d'alcali et de graisse suivant les chiffres qu'il aura déterminés et arrivera bientôt, avec un peu d'expérience, à composer un savon parfaitement semblable, en toutes ses propriétés, à l'échantillon qu'il doit imiter.

La composition des diverses sortes de savons varie énormément, ainsi qu'on le sait, et il est nécessaire de se créer, dans un essai pratique, au moins un point de départ pour la quantité des matières contenues dans une sorte de savon.

Un point de départ de ce genre nous est founi par la composition du savon granulé dit « savon de Marseille ». Le savon de Marseille contient généralement en 100 parties :

Acides gras	64 parties.
Soude	6 »
Eau	30 »

Nous n'indiquerons ci-après que les méthodes d'essai qui, en pratique, sont d'une exécution facile ; si nos instructions sont suivies exactement, les résultats de l'analyse seront certainement tout à fait justes.

Détermination de la quantité d'eau contenue dans le savon.

On peut déterminer la quantité d'eau d'un savon en réduisant ce dernier à complète siccité. Mais cette analyse est tellement longue, que nous ne pouvons pas la recommander au fabricant. En effet, lorsqu'un savon contient une certaine quantité d'eau, il fond déjà à une température bien inférieure à celle de l'eau bouillante qui sert à la dessiccation, et se recouvre ensuite d'une pellicule de savon sec, empêchant l'eau de s'évaporer davantage. On n'emploiera donc pas en pratique cette méthode, à cause des difficultés qui y sont inhérentes.

Le moyen le plus simple est de déterminer la quantité d'eau en salant le savon ; suivant les quan-

tités de savon disponible, on procède à l'analyse
avec 100 grammes ou un kilogramme. Dispose-t-
on d'une assez grande quantité de savon, il est en
tous cas préférable d'opérer avec la quantité la
plus forte, parce que les erreurs de pesée sont dans
ce cas moins sensibles.

On procède à l'essai dans une petite chaudière en
métal, bien polie à l'intérieur et qui puisse contenir environ cinq litres. On coupe en petits morceaux le savon à essayer, dont on met juste un
kilogramme dans la chaudière. On verse dessus
un litre d'eau de pluie bien pure et l'on chauffe,
sans toutefois pousser jusqu'à l'ébullition, jusq'à
ce que le savon se soit complètement dissous et
forme une masse savonneuse parfaitement claire.
Pendant que le savon fond, on pèse 250 grammes
de sel de cuisine sec que l'on ajoute par petites
portions, par exemple en cinq fois, à la masse savonneuse. Lorsque la dernière portion de sel a été
ajoutée, on laisse cuire le contenu de la chaudière
pendant environ cinq minutes, puis on enlève la
chaudière de dessus le feu et on la laisse au repos
jusqu'à ce que le savon salé soit monté à la surface
et s'y soit solidifié en croûte.

On sépare cette croûte de la solution de savon,
on la lave rapidement à l'eau sur sa surface interne, on la sèche sur du papier brouillard, puis
on la passe. Lorsqu'on n'a que 100 grammes de savon à sa disposition, on prend pour opérer la dis-

solution un dixième de litre d'eau et pour le salage, 25 grammes de sel de cuisine. Le savon ainsi salé contient généralement moins d'un pour cent d'eau, et il suffit parfaitement au fabricant de déterminer avec cette exactitude la teneur en eau.

Si l'on a à sa disposition qu'une faible quantité de savon, on peut employer directement à l'analyse des acides gras et de l'alcali la croûte de savon dont nous venons de parler.

Détermination de la quantité d'acides gras.

On prend 30 grammes de savon que l'on met dans un verre à analyser, c'est-à-dire un verre cylindrique, mince de fond, et dans lequel on peut faire cuire un liquide. On ajoute au savon environ 30 à 40 grammes d'eau, on le fait fondre à chaud, puis on verse sur la masse assez d'acide sulfurique en chauffant toujours, jusqu'à ce que du papier bleu au tournesol, qu'on y plonge, devienne et reste rouge, lorsque après addition de la dernière dose d'acide on a chauffé encore quelques moments. Laisse-t-on alors la masse au repos, les acides gras, mis en liberté par l'action de l'acide sulfurique sur le savon, se séparent à la surface et se solidifient en croûte.

Mais l'on remarquera, en voulant séparer cette croûte du liquide qu'elle adhère assez fortement aux parois du verre et qu'il n'est pas possible de l'en séparer complètement. Or une analyse exacte des acides gras ne peut avoir lieu qu'en en pesant la quantité totale. On arrive à pouvoir détacher facilement la croûte d'acides gras, en laissant ces acides se solidifier mélangés avec de la cire. La cire se contracte fortement en passant de l'état liquide à l'état solide et provoque ainsi la séparation de la croûte d'acides gras des parois du verre.

On traite la croûte ainsi séparée comme il a été dit plus haut, avec cette différence cependant, que l'on ajoute au savon la moitié de son poids en cire. Cette cire fond en même temps que le savon et se sépare à la surface du liquide, intimement liée aux acides gras. On peut alors, après refroidissement, facilement enlever et peser la croûte formée à la surface et qui se sépare d'elle-même du verre.

Dans maintes espèces de savon, les acides gras qui se sont séparés du reste de la masse ne se solidifient pas et forment un liquide huileux; c'est l'indice que le savon est composé d'oléate de soude et que l'on a employé à sa préparation de l'acide oléique provenant de la fabrication des bougies de stéarine. Pour déterminer dans ce cas la quantité d'acide oléique, il faut augmenter la quantité de cire ajoutée, de façon à obtenir une croûte de consistance suffisante.

Détermination de la quantité d'alcalis.

Cette analyse, sans aucune difficulté pour un

chimiste, n'est pas facile à faire pour un fabricant si l'on est en présence d'un savon que l'on sait pertinemment être mouillé par un silicate de soude, on peut au moins déterminer les alcalis approximativement en calcinant une certaine quantité de savon. On pèse exactement dans ce but 10 grammes de savon, que l'on place dans une petite capsule en porcelaine, préalablement pesée, puis on chauffe à température très douce jusqu'à évaporation complète de l'eau. On élève alors la température de façon à décomposer les acides gras ; la masse entière noircit en dégageant des vapeurs fétides. On continue à échauffer jusqu'à ce que la capsule rougisse et ne contienne plus qu'une masse de sel coloré en gris par une petite quantité de charbon. Ce résidu se compose de carbonate de soude, si le savon analysé était un savon granulé et de carbonate de potasse, si le savon était un savon mou. On détermine les quantités de soude et de potasse qui ont servi à la fabrication du savon, en les calculant directement par le résidu.

De toutes les analyses de savon que le fabricant entreprendra, l'analyse des alcalis est la plus inexacte parce que l'on pèse en même temps que les carbonates alcalins, la totalité des sels étrangers contenus dans le savon. Mais bien que les méthodes plus exactes, dont font usage les chimistes pour déterminer la quantité des alcalis du savon, donnent des résultats très rigoureux, nous ne pouvons cependant pas les recommander aux fabricants, parce qu'elles nécessitent des connaissances assez étendues en chimie.

Détermination des substances employées pour le mouillage des savons

On emploie fréquemment pour le mouillage des savons de la glycérine, du silicate de soude (verre soluble) et même de l'amidon. Toute la glycérine d'un savon est contenue dans le liquide surnageant en dessous de la croûte d'acides gras, après la décomposition par l'acide sulfurique concentré. On détermine approximativement la quantité de glycérine contenue dans le savon, en évaporant fortement le liquide situé en dessous de la croûte d'acides gras, en le séparant des cristaux de sulfate de soude qui se sont formés en poussant l'évaporation du liquide décanté jusqu'à consistance sirupeuse et en le pesant. Le poids de ce liquide donne, bien que d'une manière assez inexacte le poids de la glycérine du savon.

L'emploi du silicate de soude comme moyen de mouillage du savon se reconnaît en ce qu'une quantité d'essai de la solution de savon se prend en une masse gélatineuse après l'addition de l'acide sulfurique concentré.

On ne connaît pas de moyen simple pour déterminer exactement la quantité de silicate de soude, mais on arrive indirectement au même but en additionnant ensemble le total de l'eau et celui des acides gras contenus dans le savon, en y ajoutant pour les alcalis un dixième du poids des acides gras et en déduisant de 100 le total des nombres obtenus. Le reste indique en pour cent la quantité de silicate de soude contenue dans le savon.

On opère de même pour déterminer l'amidon; les méthodes que nous venons d'énumérer suffisent parfaitement à l'analyse pratique des savons.

FIN

TABLE DES MATIÈRES

Paris. — Imp. E. BERNARD et Cie, 71, rue La Condamine.

www.ingramcontent.com/pod-product-compliance
Lightning Source LLC
LaVergne TN
LVHW021645060726
842527LV00003B/805